新世纪高职高专
学前教育类课程规划教材

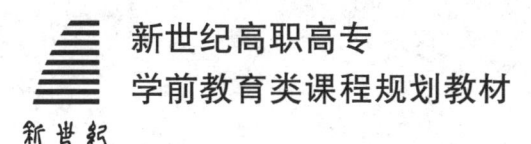

幼儿园游戏设计

YOUERYUAN YOUXI SHEJI

新世纪高职高专教材编审委员会 组编
主　编　刘立民
副主编　幺　娜

大连理工大学出版社

图书在版编目(CIP)数据

幼儿园游戏设计 / 刘立民主编. — 大连：大连理工大学出版社，2012.12(2022.1重印)
新世纪高职高专学前教育类课程规划教材
ISBN 978-7-5611-7419-7

Ⅰ.①幼… Ⅱ.①刘… Ⅲ.①学前教育—游戏课—高等职业教育—教材 Ⅳ.①G613.7

中国版本图书馆 CIP 数据核字(2012)第 259694 号

大连理工大学出版社出版
地址：大连市软件园路 80 号　邮政编码：116023
发行：0411-84708842　邮购：0411-84708943　传真：0411-84701466
E-mail:dutp@dutp.cn　URL:http://dutp.dlut.edu.cn
辽宁星海彩色印刷有限公司印刷　　大连理工大学出版社发行

幅面尺寸:185mm×260mm　　印张:10　　字数:231 千字
2012 年 12 月第 1 版　　2022 年 1 月第 7 次印刷

责任编辑:郑淑琴　　　　　　　　责任校对:白　雪
封面设计:张　莹

ISBN 978-7-5611-7419-7　　　　　　　定　价:27.80 元

本书如有印装质量问题,请与我社发行部联系更换。

前 言

《幼儿园游戏设计》是新世纪高职高专教材编审委员会组编的学前教育类课程规划教材之一。

游戏作为幼儿期的主要活动，在儿童成长与儿童教育中占据着特殊地位。长期以来，怎样在幼儿教育过程中安排好游戏活动，一直受到中外学者的重视，因而流派众多。面对众多观点，怎样编写一本适用于高职高专教育的幼儿园游戏教材，是作者一直思考的问题。据此，本教材根据学习者的特点和幼儿游戏的特殊性，在教材整体结构设计中，重视教材的应用性和操作性，具有观点明确、思路清晰、表述通俗、文例结合、立足现实的特点，试图让学习者知其然也知其所以然，力求对学习者工作实践具有指导意义。

本教材分为上、下两篇。上篇偏重于介绍幼儿园游戏的一些基础理论，主要涉及游戏的概念、观点、操作的原则和方法等，解决学习中"是什么"和"为什么"的问题；下篇偏重于幼儿园游戏指导的实践，主要是对上篇理论观点的延续和具体化，通过案例解决学习中"怎么做"的问题。

上篇共分为五章。"第一章——幼儿游戏基本理论"论述了幼儿园游戏的概念及幼儿游戏三种策略的演变，以及游戏在幼儿发展中的地位。"第二章——游戏的分类及发展"通过文字、图片和案例的阐述，使幼儿游戏的分类及发展与游戏在幼儿身心发展中的价值变得通俗易懂。"第三章——西方各学派的游戏理论"对西方教育理论家对游戏的论述加以简单介绍，为深层理解幼儿游戏本质提供了依据。"第四章——当代游戏教育及其模式探索"主要介绍了当代心理、教育领域的学者、专家和幼教工作者对幼儿学习游戏化和幼儿游戏课程化的探索结果。"第五章——国外游戏发展简介"对当代国外游戏发展做了简单介绍，以便学习者对中外幼儿园游戏有纵深比较，吸收国外游戏指导的有益经验。

下篇共分为三章。"第六章——幼儿园各种游戏的指导策略"主要阐述了角色游戏、结构游戏、表演游戏、规则游戏的指导方法与策略。"第七章——幼儿园游戏活动设计"主要以角色游戏、结构游戏、表演游戏、智力游戏等十个游戏活动设计为主题，对幼儿园游戏活动设计的技巧及方法进行介绍，对幼儿园活动实践具有指导意义。"第八章——幼儿园自选游戏指导记录"记录了教学实践中小、中、大班各个不同类型的游戏，以及教师指导游戏的过程，对于没有实践经验的学习者来说，具有现实的指导意义。

本教材由辽阳职业技术学院刘立民任主编，唐山师范学院教育学院幺娜任副主编。具体编写分工如下：刘立民编写第一章、第二章、第三章、第六章、第七章的第一节至第七节、第八章，幺娜编写第四章、第五章、第七章的第八节至第十节。全书由刘立民统稿。

在编写本教材的过程中，编者参考、引用和改编了国内外出版物中的相关资料以及网络资源，在此表示深深的谢意！相关著作权人看到本教材后，请与出版社联系，出版社将按照相关法律的规定支付稿酬。

本教材是面向高职高专学生和一线教师编写的一本通用教材，可作为高职高专学前教育专业学生的学习用书，也可作为早教机构和幼儿园一线教师的参考资料。

所有意见和建议请发往：dutpgz@163.com
欢迎访问职教数字化服务平台：http://sve.dutpbook.com
联系电话：0411-84707492　84706104

编　者
2012 年 12 月

目录

上篇 理论篇

第一章 幼儿游戏基本理论 ………………………………………………… 3
    第一节 游戏的概念 ………………………………………………………… 3
    第二节 幼儿游戏的策略及演变 …………………………………………… 6
    第三节 幼儿园教育活动的概念与构成 …………………………………… 8
    第四节 游戏在幼儿身心发展中的地位 …………………………………… 15

第二章 游戏的分类及发展 ………………………………………………… 18
    第一节 幼儿游戏的显性行为特征 ………………………………………… 18
    第二节 幼儿游戏的分类及发展 …………………………………………… 21
    第三节 游戏在幼儿发展中的价值 ………………………………………… 25

第三章 西方各学派的游戏理论 …………………………………………… 32
    第一节 早期的传统游戏理论 ……………………………………………… 32
    第二节 现代游戏理论 ……………………………………………………… 35
    第三节 游戏的本质特征 …………………………………………………… 44

第四章 当代游戏教育及其模式探索 ……………………………………… 51
    第一节 幼儿学习游戏化的探索 …………………………………………… 52
    第二节 幼儿游戏课程化的探索 …………………………………………… 53
    第三节 我国幼儿游戏研究的历史与现状 ………………………………… 54

第五章 国外游戏发展简介 ………………………………………………… 57
    第一节 美国幼儿游戏与教育 ……………………………………………… 57
    第二节 日本幼儿游戏与教育 ……………………………………………… 63
    第三节 英国和瑞典幼儿游戏介绍 ………………………………………… 69

下篇 实践篇

第六章 幼儿园各种游戏的指导策略 ……………………………………… 77
    第一节 角色游戏 …………………………………………………………… 77
    第二节 结构游戏 …………………………………………………………… 80
    第三节 表演游戏 …………………………………………………………… 84
    第四节 规则游戏 …………………………………………………………… 89

第七章 幼儿园游戏活动设计 ……………………………………………… 101
    第一节 角色游戏 …………………………………………………………… 101
    第二节 结构游戏 …………………………………………………………… 105

第三节　表演游戏……………………………………………………………106
   第四节　智力游戏……………………………………………………………110
   第五节　体育游戏……………………………………………………………111
   第六节　音乐游戏……………………………………………………………113
   第七节　亲子游戏……………………………………………………………119
   第八节　民间游戏……………………………………………………………125
   第九节　美术游戏……………………………………………………………130
   第十节　手指操游戏…………………………………………………………135
第八章　幼儿园自选游戏指导记录………………………………………………139
   第一节　小班自选游戏指导记录……………………………………………139
   第二节　中班自选游戏指导记录……………………………………………144
   第三节　大班自选游戏指导记录……………………………………………148

参考文献……………………………………………………………………………152

上篇

理论篇

第一章

幼儿游戏基本理论

第一节 游戏的概念

一、什么是游戏？如何理解幼儿游戏？

关于游戏的概念，教育学家和心理学家的异议几乎持续了一两个世纪。

"游戏"这两个字既是动词也是名词，不同的研究领域对游戏有不同的定义。从体育学的观点来看，游戏是一种运动，是体育活动的一种；从社会学的观点来看，游戏是社会结构和价值观的表现；从人类学的观点来看，游戏是了解人类发展的途径；从教育学的观点来看，游戏和学习及教学有关。虽然对游戏本质的定义很难统一，但对游戏含义的理解有一个大致的认同，即游戏是愉快的、自由的、假想的、重过程的一系列活动，等等。由于各学科对游戏的理解不同，看问题的角度各异，因而始终未能找到一个确切的答案。事实上，游戏定义问题的困难性，不仅在于学术背景不同的研究者观察问题的角度不同而造成游戏解释的多样性，而且还在于游戏这种现象本身的复杂性。游戏实质上是人的一类行为的总称，它包括的行为范围很广。各种游戏在游戏者主动控制的程度、主客体之间的关系以及动静的性质上有较大的差距。一种定义可能比较适合这种游戏而不适合那种游戏。我们研究的是幼儿游戏，所以不妨去问问幼儿，答案就会很清楚。当我们问到一个在捏橡皮泥的幼儿："你在干什么？"他会说："玩呗！""捏它干什么？""可有意思了！"一位母亲问她的儿子："出去玩是什么意思？"得到的回答是："出去玩，就是出去干你平时开心得不想回家吃饭的那些事。"有意思、好玩、开心，是幼儿积极乐于参加游戏的原动力。因而我们说，游戏，是幼儿追求心里愉悦的内在目标的活动，这是一种由内驱力——直接的内在动机——所策动的快乐活动。

这样看来，我们对幼儿的游戏似乎可以得到一点共识：游戏是幼儿为了寻求快乐而自愿参加的一种活动。当然，幼儿游戏绝不是单纯感官上的快乐，它不同于成人的游手好闲，而是伴有生命充实感的快乐。幼儿是通过亲身体验而获得生命活动的意义。

图 1-1

二、幼儿游戏的特点

游戏是幼儿的活动，是幼儿期普遍存在的活动。从幼儿的游戏与学习活动、劳动活动的对比中，我们可以看到游戏具有这样一些特征：

（一）游戏是幼儿主动自愿的活动

游戏是幼儿的天性。幼儿游戏不是在外在的强制情况下进行的，而是幼儿出于自己的兴趣与愿望，自发、自愿、主动进行的活动。自主性是幼儿游戏的主要特点。游戏符合幼儿的生理、心理发展水平，能满足其需要；幼儿游戏以活动本身为目的；幼儿的行为是由内部直接动机的驱动而产生的；游戏不要求务必达到外在的任务和目标，也没有严格的程序和方式，玩什么、怎么玩均由幼儿自己决定。幼儿往往满足于活动过程而不在乎其结果，他们是在没有任何外在压力的情况下，轻松愉快地做自己喜欢的事情，与周围环境发生积极的相互作用。

（二）游戏是令幼儿感兴趣的愉快的活动

幼儿游戏是以愉悦为目的的体验生活的活动。兴趣性、娱乐性是游戏的一个重要特点。幼儿是从游戏过程本身得到愉快和满足的，如果幼儿对游戏丧失了兴趣，游戏也就停止了。

游戏因其适应幼儿的需要与其身心的发展水平，而使幼儿感到满足和愉快。幼儿在游戏中没有外在限制，能够身心放松，积极活动，充分表现自己，实现个人的愿望。他们通过操纵材料、物品，控制所处的环境，体会到自己的力量和自信，从成功和创造中获得愉快的体验。

（三）幼儿游戏具有随意性

幼儿进行游戏时，是很自由自在的，在游戏中，他们可以自由表达自己的内心世界，表现个人的潜在能力。游戏不要求务必达到既定的目标，也没有严格的程序和活动方式。幼儿在游戏中玩什么、怎么玩、玩多久等，都可以由自己决定，他们往往满足于活动过程而不在乎结果。例如，幼儿在插片时，可以随意插，一会儿插电扇，一会儿插花篮；在玩攀登架时，他们可能会攀爬，也可能只坐在上面，还有可能来回钻着玩等。可见，游戏和其他活动相比，更具有随意性，因此，在游戏中可以最大限度地发挥幼儿的主动性，促进他们的感觉、知觉、记忆、意志等的发展。

（四）幼儿游戏是虚构与现实的统一

幼儿游戏不是主观臆断或空想，而是以客观世界为依据，是幼儿生活的写照，反映其知识经验水平。游戏的主题内容、角色情节、游戏中的规则及行为方式等均具有社会性特征，是对现实世界的反映，是幼儿渴望参与成人的社会生活的反映。

然而，幼儿在游戏中并非"如实地"反映世界和周围的文化生活，而是以假想即"假装的"、虚拟的方式反映的。也就是说，幼儿在游戏中是通过想象、以"改头换面"的形式对真实的生活赋予了自己的理解，进行着象征性的自我表现。例如，游戏中幼儿可以不受实际环境的具体条件和时间的限制，把椅子当做战马，把木棍当做马鞭等，通过想象创造新的情景。同时，幼儿也在此过程中理解和深入认识外部世界。

（五）幼儿游戏具有具体性

幼儿游戏有主题、有情节、有实物材料、有具体的活动和实际的动作等，游戏的内容形式丰富多彩、灵活多变。游戏的具体性适合于幼儿的认知和心理活动特征（思维的直觉行动性与具体形象性、兴奋大于抑制、心理活动无意识等），幼儿正是在具体的游戏活动中，积极操作实践，认识周围生活，使身心得到发展。

（六）幼儿游戏具有创造性

堆积木、玩沙、玩水等游戏并没有特定的玩法，小汽车、小船、洋娃娃等玩具也没有特定的玩法。只要成人不限制幼儿游戏的方式，在任何游戏中，幼儿都会发挥他们的创造力，把游戏的方式加以变化，使之趣味性更浓。

（七）幼儿游戏包含着积极的约束

幼儿游戏并非毫无约束和限制，游戏中的个体具有一定的自我约束力。即使是单调的插棒游戏，他们也不会忘记自己的"目标"与规则，这一特征与游戏的自主性紧密相关。例如，在建构游戏中，幼儿需要对自己的注意力和动作进行不断的调节和控制，养成坚持性，在活动中学习克服困难，尝试解决问题，完成搭建任务；在角色游戏中，幼儿为了符合角色的要求和游戏的情景，也要主动克制自己做出符合角色身份的行为，比如，娃娃家的"爸爸"不随便吃东西。因此，有人说："幼儿不是由于自由才进行游戏，而是在游戏中变得自由了。"

总体看起来，幼儿游戏一般具有以上几方面的特点。分析认识游戏的性质，理解游戏的特点，是教育者利用游戏作为教育手段和正确有效地指导游戏的前提。

三、游戏的基本结构

在理论上，游戏是一种系统，作为系统就存在结构。这里所谈的结构，是指游戏的构成要素，即游戏所共有的一些因素或成分。

（一）游戏主题

游戏主题即游戏的中心议题和主要内容，它是日常生活和社会活动在游戏过程中的具体反映。游戏主题并非社会生活事件的简单原则，而是幼儿对生活事件创造性地加工、改造的产物。

游戏主题具有社会性、灵活性和复合性三个特点。正是游戏主题的社会性规定了幼儿游戏必然是一种社会活动；但这种社会活动又是幼儿自我创造的产物，具有灵活性，主题只在一定范围内规定游戏内容，却为幼儿在游戏形式上留下了广阔的创造空间；由于现实生活的复杂性和游戏功能的多样性,游戏主题的复合性在一定程度上保证了其灵活性。

(二)游戏规则

游戏规则即游戏活动中限制、调节游戏主体的行为和互动关系的准则。规则的功能在于固定游戏内容,规范游戏行为,规定游戏方向,从而保证游戏的组织性和稳定性。

在不同的游戏类型中,规则的作用及其表现方式各有差异。规则性游戏的规则外显,具有一定的强制性;而创造性游戏的规则大多内隐,也较灵活。游戏规则受游戏复杂程度和幼儿发展水平的双重制约。

(三)游戏角色

游戏角色即游戏中幼儿扮演的人物或形象。在角色扮演过程中,幼儿凭借创造性想象,通过言语、表情、动作等表现出对角色及其关系的理解,进而认识角色所反映的社会本质及人际关系。根据角色及其在游戏中的组合关系,可以把游戏角色分为下列几类:

1. 象征性角色

这种角色仅仅具有象征作用。它是建立在"假想"之上的一种表达方式,主要心理活动是想象和动作或言语。这种假想活动发展有一定的顺序,首先是用真的物体对待自己(用真水杯自己假装喝水),发展到用假的物体对待自己(用空的杯子自己假装喝水),最后发展到用假的物体对待假的对象(用空杯子给娃娃喝水)。

2. 互动性角色

这种角色是建立在"关系"之上的一种表现方式,主要心理活动是交往及其行为方式,这种角色互动及其方式也有一定的发展顺序。首先是对应性交往(父母—孩子),然后发展到并列性交往(有父母—孩子,也有兄弟—姐妹),最后发展到复合性交往(以父亲或母亲为中心的多维交往,例如,带幼儿去医院、公园等)。

3. 造型性角色

这种角色的基本作用是表演,或创造性塑造。造型性角色,可以通过角色扮演如三只小猪盖房子、时装表演,也可以运用物质材料如积木、泥沙或绘画来表现。

(四)游戏情节

游戏情节即贯穿于游戏过程中的富有故事性或艺术性的具体细节。大多数游戏主要依靠角色扮演展开游戏情节。情节在使得游戏内容丰富的同时,也保证了游戏形式的多样化。

游戏情节在不同类型的活动中作用也不尽相同,以此为依据可将情节分为下列三类:

(1)趣味性情节:保证游戏好玩、有趣的情节。

(2)故事性情节:这类情节一般源于幼儿文艺作品。

(3)社会性情节:此类情节一般源于对社会现实生活经验的创造性加工。

第二节 幼儿游戏的策略及演变

从幼儿教育发展史我们可以发现,人们很早就认识到游戏是幼儿教育可利用的资源。但是在不同时代,由于人们的教育价值观与教育实践活动的需要不同,因此,对游戏的教育价值的认识不同,利用游戏的策略也不同。因而,游戏在幼儿园中的地位也就随之不同。

迄今为止，在幼儿教育发展史上，人们利用游戏的策略可以概括为筛选、改造与再造三种方式。

一、筛选

筛选是在幼儿教育发展史上最早出现的利用游戏的策略。持这种观点的人把游戏看做符合幼儿天性的自然活动，认为喜爱游戏是幼儿的天性，教育应该追随自然，适应自然。因此，应当让幼儿在游戏中度过快乐的童年，而不应给予学业压力。同时，他们也认为，并不是所有的游戏都是好的、符合教育的目的要求的（例如，幼儿翘着二郎腿，学着大人抽烟的样子）。因此，应当对幼儿的游戏进行选择引导，避免让幼儿玩那些"无聊"或"有害"的游戏，引导他们玩"有益"的游戏，从而使幼儿在游戏中获得某种教益。在我国古代"孟母三迁"的故事则是这种主张的典型反映。

古希腊哲学家、教育家柏拉图认为，喜欢游戏是幼儿的天性，但是游戏不应仅仅是玩耍与娱乐，同时应当是一种道德教育与法制教育的过程。

柏拉图认为游戏活动一方面要尽量做到适合幼儿的年龄特点，简单、易行、自然；另一方面，游戏的内容与方法必须符合法律的规定，要有一定的规则和秩序，防止出现违反规则与纪律的现象，通过游戏来培养幼儿勇敢、聪慧、严肃和守法的性格，这样才有利于国家安定。

柏拉图之后的一些教育家、思想家在论及幼儿的游戏时，沿袭了这种筛选的思路，他们都用自己的教育理论或价值观作尺度，去评价和筛选幼儿的游戏。

对幼儿游戏进行筛选的要求与主张，表明幼儿的游戏不可能以纯粹"自然"的面貌进入幼儿的教育领域（即每种游戏都经过教育者的精心筛选，承载着教育价值）。当这种以自由自发为特征的自然活动被引进教育领域时，必然会受到教育目的与要求的规范。

二、改造

19世纪托幼机构的建立与发展，要求人们研究与探索科学有效的幼儿教育教学的理论与方法。作为幼儿的自然活动的游戏再度受到关注，但是人们利用游戏的策略发生了变化：在过去简单的"筛选"的基础上，开始了对幼儿游戏的改造。因为仅仅选择好的游戏已不能够满足幼儿园教学活动的需要，有必要设计与编制出更符合教育意图的"教育性游戏"，才能使幼儿的自然活动朝着教育者预期的方向发展，产生教育者期望的结果。这种改造基于对幼儿的自然游戏的观察与分析，从中提取出若干在教育上有价值的"游戏因素"，结合教育者期望幼儿学习掌握的教育内容，并使之系统化，形成所谓的"游戏教学法"。这种改造可以说是"筛选"策略的深化与发展，其目的在于通过对游戏因素有目的地、系统地运用，提高教学活动的效益。这种游戏的"改造"主张，以福禄培尔、蒙台梭利的幼儿园教育体系为代表。虽然"改造"策略的倡导者们都把对幼儿游戏的观察作为设计构思幼儿园教学活动的来源，但是经过这种"改造"，这些源于游戏的活动本身的游戏性被大大削弱，所谓"教育性"则大大增强。如果说经过"筛选"的游戏还是幼儿的自然游戏，那么经过"改造"之后的游戏，只是带有一定的游戏性的教学活动。比如，一个教师以"找朋友"、"开火车"、"跳格子"等多个精心设计的游戏，组织了一次教学活动，形式热闹，但幼儿们并不愉快。活动结束后，幼儿说，"现在我们可以玩了"。又如，在为学习"7的组成"而设计的游戏角,几个幼儿在打保龄球,"我打中了 4 个","好,还剩下 3 个,我打倒了 6 个,很好,还剩 1 个,你不行,只倒下 2 个,还剩 5 个"……教师招呼洗手吃点心,一个幼儿对另一个幼儿说,"等一会儿我们再来玩。"

三、再造

20 世纪初期在美国幼儿园课程改革运动中,幼儿的游戏利用"再造"策略取代了福禄培尔式的"改造"策略,成为 20 世纪上半叶在幼儿教育领域中占主导地位的游戏运用方式。"再造"策略反对对幼儿游戏进行人为的"改造",主张保持幼儿自然游戏的风格与特点。教师的主要任务是在幼儿园教室中创设能够激发幼儿游戏欲望的模拟和接近自然的游戏环境,让幼儿在这种环境中自由自在、无拘无束地游戏,尽可能减少对幼儿游戏不必要的直接干预,从而在幼儿园的教室中"再造"幼儿的自然游戏(如我国幼儿园现在普遍应用的"自选游戏")。

把幼儿教育领域的游戏区分为筛选、改造与再造三种策略,不难发现它们之间还存在一些共同之处:

第一,迄今为止,无论是哪一种策略的倡导者,都认识到了游戏对于幼儿生活与发展的重要性;

第二,游戏是幼儿的"自然"活动。当人们试图把这种自由自发的自然活动引进教育领域的时候,必然要考虑这种"自然"活动与教育目的本身的相符性问题;

第三,三种不同的策略说明,人们总是根据自己的教育目的与教育活动的实际需要来对游戏这种自然活动的教育价值进行选择与判断。所以,在教育上如何利用游戏取决于"我们为什么要让幼儿进行游戏"的考虑。

第三节 幼儿园教育活动的概念与构成

《幼儿园工作规程》规定幼儿园"游戏为基本活动",这就确立了游戏目前在我国幼儿园教育活动体系中的地位。

自 1989 年《幼儿园工作规程(试行)》中出现了"教育活动"这个名词以来,迄今为止在我国幼儿教育领域人们对这个概念缺乏一致的认识与理解。虽然《幼儿园工作规程》把"教育活动"解释为"有目的、有计划地引导幼儿生动、活泼、主动活动的、多种形式的教育过程"。但人们对"教育活动"仍有不同的认识:一种看法主张把教育活动看做过去的上课或全班集体教育活动的替换词。这种看法在幼儿园实际工作中有相当的普遍性。如果参观幼儿园,说要看"教育活动",幼儿园一般准备的是以全班集体活动为基础的教育活动。这种观点不把游戏活动、生活活动看做是"教育活动",教育活动的外延比较窄。另一种看法主张对"教育活动"作广义的理解,认为幼儿园的教育活动包括生活活动、游戏活动和教学活动,这种看法虽然把幼儿园的生活活动、游戏活动和教学活动看做是"教育活动",但并不认为它们是"教学活动"。这样就产生了如何理解"教育活动"与"教学活动"以及"游戏活动"之间的关系的问题。

要构建幼儿园以游戏为基本活动的实践模式。我国教育界人士提出的关于幼儿园教育的概念,对我们有所启发。他们认为,幼儿园教育活动是指总体的对幼儿施加教育影响的幼儿园的全部教育活动。教育活动是不同于教育实践的一个十分重要的教育学概念。教育活动是人类教学存在和变化、发展的基本形式,是对各种直接以促进人的有价值发展为目的的活动的统称,是教育者和受教育者以各种方式参与的互动方式的总和。……教育实践必须依托于各种形式的教育活动,教育实践的目的要转化为教育活动的目的并通过教育活动来实现。

一、教育活动、教学活动及游戏活动三者之间的关系

我们可以把幼儿园教育活动理解为幼儿园教育实践的基本形式,是在一定的教育目的指引下的教师与幼儿多种形式的相互作用的总和。从这一概念出发看幼儿园教育活动,有以下三方面的规定:

(1)目的性与计划性。任何教育活动都是一定教育目的指引下的活动,其出发点与归宿是促进教育目的所规范的"人的有价值发展";

(2)以教师与幼儿双方共同参与为存在条件并以双方的相互作用为基本过程展开;

(3)在教师与幼儿之间进行的相互作用可以有多种形式。

幼儿园的任何活动,只要满足这三方面的规定都可以归入"教育活动"的范畴。幼儿园的生活活动、游戏活动都是教师有目的、有计划地组织与引导幼儿进行的活动,无疑都满足这三方面的规定性,都可以看做是幼儿园的"教育活动"。幼儿的游戏活动,虽然本来是幼儿自发的自然活动,但自从它被引入幼儿教育领域的那天起,就从来不作为一种纯粹的自发为的自然活动而存在,而是被打上了教育目的的烙印,作为服务于一定的教育目的的教育活动而存在。所以,幼儿园的教育活动不应仅仅等同于全班集体的教学活动和课堂教学活动,而应看做是由游戏活动、生活活动、课堂教学活动等构成的幼儿园教育活动体系。把教育活动狭义化为教学活动或课堂教学活动,一方面不利于把教育目的贯彻到幼儿园的各项活动之中,另一方面也不利于发掘与发挥幼儿园各种活动的教育潜能。

任何教育活动都是以教师与幼儿双方共同参与为存在条件并以双方的相互作用为基本过程展开的。在这个过程中,教师的教育活动是"教",幼儿的活动是"学",所以任何教育活动同时都是教学活动,都是由教师的教与幼儿的学构成的双面复合活动。幼儿不仅在"上课"时学习,也在生活活动、游戏活动中学习,而且这种学习对于幼儿身心发展与社会化过程来说也是必要的。这正是学前教育阶段幼儿学习的特点。

二、游戏是幼儿园基本的活动形式

游戏在本质上是一种以自由自发为基本特征的主体性活动,而教育则是一种有目的、有计划进行的影响与规范人的发展的活动。我们把游戏引进教育领域,首先要解决的问题就是要找到这二者之间的共同点。也就是说,我们需要思考为什么要让幼儿游戏,游戏中有哪些因素是与我们的教育目的相吻合的。长期以来,我们对游戏的教育价值的认识局限于教育手段的层面,而没有在教育目的的层面上来认识游戏活动——传授知识技能的有效工具——的教育价值。阐明以幼儿园游戏为基本活动的合理性,必须首先阐明以幼儿园游戏为基本活动的目的性,明确幼儿园以游戏为基本活动目的,只有这样,才能在教育实践中正确地运用游戏,充分发挥游戏作为"基本活动"的功能。

学前教育是我国教育的重要组成部分。学前教育目的也是我国教育目的在学前教育

阶段的具体化，既反映了我国社会对新一代的一般要求，又反映了学前儿童身心发展的特殊需要。幼儿园以游戏为基本活动，从教育目的的角度看，是建构以幼儿的主体性活动为特征的幼儿园教育活动体系，是培育和发展幼儿的主体性，满足与保障幼儿游戏的需要与权利，是为幼儿创造与他们年龄特点相适应的幼儿园生活。

（一）以幼儿园游戏为基本活动与幼儿主体性的发展

教育的根本目的在于发展和培育人的主体性。何谓主体性？主体性是人作为主体在与客体相互作用的对象性活动中发展起来的功能特性，它直观地表现为人的主动性、独立性和创造性，表现为主体对外部世界以及对外部世界关系的积极主动地掌握。主体性是人类发展的核心，是人类的特性。

教育以培养人的主体性为最高任务，主体性发展与培养目标的提出，标志着我国教育目的在价值取向上正发生着从以知识为中心到以人为中心的转移与变化。

主体性发展的教育目标的提出，为我们重新认识游戏的教育价值，提供了全新的视角，奠定了幼儿园以游戏为基本活动、为教育目的的理论基础。

人的发展是一个整体，这个整体不是发展的各个方面素质的简单相加，而是一个有结构的系统。处于这一系统核心地位的正是作为"人的特征"的主体性。主体性是人类不断发展完善的动因，从个体身心发展来看，幼儿的身心发展也永远表现为在外部环境与教育影响下的主观能动的内在的发展，这种主观能动性或主体性正是人的身心全面发展与个性化发展的基础与支柱。由于先天和后天条件的制约，一个人不可能在各个方面都获得均衡的发展，但是主体性发展却是人的发展的基本要求与内容，是人的发展的实质。而且主体性发展得越好，人的发展就越主动积极，各方面的发展效果就越好，真正呈现出生动活泼主动发展的态势。比如，主体性发展好的幼儿，对事物有好奇心，凡事问究竟，愿意探索自己不知道的事物；主体性发展落后的孩子，对任何事物不感兴趣，胆小，在众人面前不敢表达，甚至出现自闭的现象。对于个体发展来说，主体性的形成与发展有一个逐步壮大成熟的过程。促进学前儿童的主体性并以他们的主体性发展带动其身心各方面生动、活泼、主动地发展，是现代教育所要解决的一个根本性问题。

就人的主体性的一般发展规律而言，活动是主体性形成的源泉。因为活动是主体存在的依据和条件。所谓主体是指从事现实活动的人，是活动的承担者和发动者。离开了活动，就无所谓主体，也无所谓客体，主体与客体的相互关系是在现实的活动中形成的。所以活动既是主体存在的方式，也是主体生成与发展的源泉。

对于正处于发展过程中的学前儿童来说，身心各方面发展不成熟，正处于一生中最大限度地依赖于成人的时期，他们的主体性正处于一个发展、壮大的过程之中，他们的主动性、独立性和创造性与其受动性、依附性和模仿性是相辅相成、对立统一的。

1. 主动性与受动性

幼儿年龄虽小，各方面发展还不成熟，但是作为人，作为活动的主体，他在与周围环境的相互作用中总是表现出与其身心发展水平相适应的主动性，既主动地影响周围环境，又受到环境的影响。虽然他不是被动地承受环境的影响，但是他对环境影响的反应方式和他与环境相互作用时的主动性，既受到他自己身心发展水平与特点的制约，也受到环境影响的制约，尤其是成人态度的影响。在幼儿园教育过程中，幼儿身上的这种主动性与受动性的对立统一特征表现得更为明显，尤其是当教师组织的活动从内容到形式上都与他的需要与兴趣有较大的距离时,他的主动性往往是教师工作与努力的结果,表现为受动性主导主动性。比如,根据教育目标要求,帮助幼儿建立起时间的概念,但是,时间看不见摸不着很抽象,幼儿很难理解,也就没有了兴趣。教师以一个幼儿一天的活动内容为主线,以讲故事的形式自然地引出"早上"、"中午"、"下午"、"傍晚"、"黑夜"等时间概念,并配合教具"钟"的演示,容易引导幼儿积极主动地学习。

2. 独立性与依附性

幼儿身心发展的不成熟和独立生活能力差,决定了他对周围环境与成人的依附性。这种依附性不仅是物质上的,而且也是精神上的。他不仅要依赖于成人来满足基本的物质生活需要,而且也需要形成对周围环境与成人的信任感与依恋感。如当一个幼儿刚刚进入一个陌生的环境时,由于信任感与依恋感的缺失,常常表现出焦虑不安,表现出对周围环境与成人在物质上与精神上双重的依附性。对幼儿来说,这种物质与精神上的依附性是他独立性发展的必要前提条件。但是,这种依附性是发展过程中出现的现象,是暂时的。独立性则代表着发展的需要与方向。随着幼儿身心发展水平的提高和活动能力的增强,他独立活动的要求也逐步增长,成人与他在活动中的关系也应随之变化:从协同活动的伙伴转变为幼儿活动的鼓励者、支持者和促进者。幼儿独立性的表现,独立活动意识与能力的大小强弱,与成人对待幼儿独立活动的要求和态度有关。

3. 创造性与模仿性

创造性是人的主体性的集中表现,这种创造性是每个人都具有的,幼儿同样也不缺乏这种创造性。模仿也是幼儿与周围环境相互作用的方式,在某种程度上可以说模仿是创造的前提,没有模仿就没有个体独特性的创造,但是创造必须超越模仿。以幼儿的角色游戏为例,虽然幼儿在游戏中反映周围现实生活,模仿周围的人和事物,但是这种模仿已经添加了幼儿自己对周围生活的理解与感受,体现出幼儿个人的创造而不仅仅是对现实原封不动的模仿。

以主动性与受动性、独立性与依附性、创造性与模仿性的对立统一为特征的幼儿的主体性,正处于稚嫩的萌芽与发展状态,需要成人的尊重、爱护与有意识的培养。

当今社会的迅速发展使得传统的以对人类所积累的社会经验的传递、接受与复制为特征的维持型的教育模式面临着巨大挑战,知识的不断更新和急剧增长使得人们从过去注重以记忆和模仿为特征的学习转向注重以多样化和创新为特征的学习。社会发展需要有主动性、独立性和创造性的个体。培养具有主动性、独立性和创造性的人已成为当今教育面临的巨大挑战。因而,人们不得不反思和重新设计教育目的。主体性的发展作为人的发展的实质与核心,已经成为我们今天的教育目的结构中不可或缺的重要组成部分,成为现代教育追求的"终极目标"。

从这种新的教育目的观出发,传统的以知识、教师、课堂为中心的,主体性生成机制缺乏的教育活动模式,显然已经不能适应新的教育要求。必须根据人的主体性的一般生成机制和受教育对象主体性发展的特殊规律来重新设计和规范教育活动,建构新的教育活动模式,通过促进幼儿主体性的发展,使得幼儿在身心各个方面获得生动、活泼、主动的发展,真正成为学习与发展的主体。以幼儿园游戏为基本活动,就成为以主体性发展与培育为根本目的的教育活动模式的必然选择。

(二)游戏是发展幼儿主体性的适宜途径

把主体性发展与培育作为教育的根本目的,就必须创造有利于幼儿主体性发展的教育活动体系。因为教育对幼儿主体性的培育并不是刺激、反应般简单直接的关系,主体性的培育要落实到主体性的养成上。我们要促进幼儿主体性的发展,并通过这种发展带动幼儿身心各方面的发展。使幼儿真正做到生动活泼、主动地发展,就必须在整体上改造旧的教育活动模式,在基本活动的层面上,选择能够最有效地促进幼儿生动活泼主动发展的、最有利于幼儿主体性发展的活动来代替原有的不利于幼儿主体性发展的活动,并以这种基本活动为中心,使这种基本活动的特征扩散到幼儿园教育活动体系中的其他活动中去,为幼儿的主体性的发展提供良好的教育环境和生成机制。幼儿的主体性必须由适合于他们身心发展特点与水平的主体性活动来养成与培养,选择什么样的活动作为教育活动体系中的基本活动就成为一个至关重要的问题。

游戏是幼儿的基本活动,是幼儿与周围环境相互作用的基本形式,同时也是最能表现与肯定幼儿主动性、独立性与创造性的主体性活动,对于幼儿主体性的发展与培养具有其独特的教育价值,是在学前教育阶段培养幼儿主体性的适宜途径。幼儿园以游戏为基本活动,是以主体性发展与培育为核心目标的教育目的观的必然选择。幼儿园以游戏为基本活动的根本目的,是通过促进幼儿主体性的发展来带动幼儿身心各方面的发展,使幼儿真正获得生动活泼主动的发展,培养现代社会发展所需要的具有主体性的人。

游戏活动作为幼儿主动的、独立的、创造性的活动,有利于幼儿主体性素质的全面培养。

首先,游戏是幼儿主动的活动。幼儿游戏不是为了获得外部报酬,活动本身就是目的。通过这种活动,可以使幼儿养成主动探索和学习的兴趣与态度,学习运用视、听、触、闻等所有的感觉器官去认识事物与现象,并能用自己的想象与理解来解释事物之间与现象之间的关系与联系、原因与结果、获得主动学习的经验。在幼儿教育阶段,幼儿的学习还不是社会义务,他们的学习主要应当通过在积极的活动中感知和体验环境,自然而非强制性地学习。这种学习主要不是靠幼儿自觉地作出意志努力,而是由教师根据幼儿身心发展的水平与学习的特点,利用并创造一定的条件去引导和促进幼儿学习活动的积极性,培养他们对学习活动本身的兴趣与好感。同样一件事情让幼儿用不同的方式方法去做可以使幼儿获得不同的学习经验。例如,给幼儿一盒拼装玩具,是让他独立探索用拼装的方法解决问题,还是成人手把手地教给他拼装的方法,对幼儿发展的影响是不同的。前者是幼儿主动的(包括外部与内部活动)活动过程,也是游戏活动的过程,可以使幼儿获得主动学习的经验,产生成就感,获得自信心,并对以后的学习活动产生正面的、积极的影响,有助于培养幼儿的主动性;后者是幼儿被动的活动过程,幼儿没有机会自己探索与决定活动的方式方法与活动的步骤,不能发现自己的能力与兴趣,成人教的活动不仅压制了幼儿的学习活动,而且将对其以后的学习活动产生负面的消极影响,不利于养成幼儿主动探索的兴趣、态度与能力以及对自己的自信心,养成的可能是对成人的依赖感。我们应当培养的是前者而不是后者。主动学习的经验只有在主动的活动中获得。以幼儿园游戏为基本活动,就是要让幼儿在主动的活动中主动学习,积累主动学习的经验,培养主动性。

其次,游戏是幼儿独立的活动。幼儿期正处于在成人的支持帮助下逐步走向独立活动的时期。幼儿喜欢自己做事,独立活动是他们的愿望,而且幼儿最终必须自己学会独立决策与选择，独立地生活与做事。别人不能总是为他做出选择，而且这样做只会妨碍幼儿的成长，削弱他的自信心。游戏是幼儿独立活动的基本形式，游戏为幼儿提供了独立决策、独立做事的机会，游戏有助于形成幼儿独立决策与活动的能力。

再次，游戏是幼儿的创造性活动。由于游戏是幼儿自己的活动，幼儿可以按照自己的想法去尝试各种新的可能性，而不用害怕因做错而招致成人的批评。在游戏中的幼儿学会接受挫折与错误，并从错误中学习。游戏使幼儿不怕冒险和失败，勇于探索与创造，有助于形成创造性的人格特征。这一点已被许多研究证实。爱玩并会玩的幼儿是创造性高的幼儿。

最后，游戏对于幼儿来说是"快乐"的活动。这种快乐有生理的快感成分，但其本质是主体性体验。在游戏中幼儿主动地与环境相互作用，充分体验运用自己的力量去达到各种目的的满足感，包括行动的自由感，对活动内容和方式方法的兴趣感，对事物、行为以及它们之间相互关系的支配感、胜任感和克服困难而产生的成就感等游戏性体验。这种主观体验的获得有助于幼儿形成自信心。

三、幼儿园教学以游戏为基本途径

组织幼儿园的教学活动，除了应当考虑"让幼儿获得什么样的学习经验"这个问题以外，还应当考虑教育活动的效率问题，即用什么样的方式方法可以使幼儿更有效地获得经验。教学论的功能在于指导教学实践，提出有效的教学方法、策略与技巧，其基本任务是建构教和学的最佳模式。有效学习或有价值的学习问题，不仅仅是教学方式方法问题，它首先与人们的教育价值取向有关。幼儿园教学领域中历来存在两种不同的教学模式：一种是强调系统知识技能传授的直接教学模式；另一种是注重幼儿主动学习态度与能力培养活动教学模式。两种教学模式的教学效果各有特点与优势。研究表明，直接教学模式在对幼儿进行知识教育和语言训练方面有优势，有利于提高学业知识技能方面的成绩（如计算成绩）；而活动教学模式则有助于提高幼儿的独立性与创造性，有利于幼儿思维能力的培养与社会性发展。两种教学模式虽各有优势与特点，但对它们的优劣判断与取舍，却依从于人们的教育价值取向。如果强调学业知识技能的训练，无疑直接教学模式优于活动教学模式；如果注重学习能力的培养与学习者主体性的发展，那么活动教学模式无疑有不可置疑的优势。关键在于人们期望从教学活动中获得什么。

在幼儿教育领域，有效学习和有价值的学习问题除了与教育价值观问题有关以外，还与幼儿的年龄特点有关。学习是学习者的活动，教学的职能在于促进学习者最佳的学习活动。因此，有效学习或有价值的学习问题不应仅仅从教育者的方面来看待与评价，还应当从学习者这方面来看待与评价，以学习者的学习为依据。幼儿园以游戏为基本活动，一方面反映了变革中的教育价值观，另一方面也是以幼儿身心发展水平与学习特点为依据对幼儿园教学活动的方式方法所作出的价值判断与选择。幼儿身心发展水平与学习特点决定了幼儿园教学不应以上课而应以游戏为基本途径。

第一，上课或课堂教学是以语言为主要媒介的言语讲述教学活动，幼儿学习活动的主要特征是"接受学习"，教师的讲解、提问、解释等言语活动是幼儿获得知识、理解概念的主要途径。这种以讲解为主要教学方法的接受学习要求学习者具有较高水平的言语对思维活动的调节与概括机能。而幼儿学习的特点是虽然随着语言的发展，他们可以通过成人的语言讲解来进行言语学习,但是第二信号系统的概括性机能还很差,第一信号系统仍占优势,思维带有很大的具体性,很难脱离具体的材料和直接的感性经验来理解言语阐述的材料。所以,"对于未成熟的幼儿来说,光口头讲而没有实际做是没有很大意义的(亨德里克,1988)",即时通过各种各样的重复练习,幼儿可以记住教师所讲的概念,但往往并不理解实际意义。在幼儿学习的问题上,成年人最容易犯的一个错误就是往往以为许多知识是可以直接告诉幼儿,通过一次一次巩固就可以让幼儿掌握。往往把幼儿用口头所说的和他们实际理解的东西混淆起来。事实上,幼儿会说的,并不等于他所能够理解的。比如,三岁的幼儿数数,从1可以数到10,再数到20,从20接着数又数到10,说明幼儿并没有真正理解数数的含义。很多东西不是好教师和成年人告诉幼儿就能掌握的。

有效学习的标志首先不应当是幼儿是否记住成人所传授的概念,而应当看他们是否真正理解这些概念,是否能够运用这些概念去解释他们的实际生活。或者是通过在直接摆弄物体的实际活动中产生问题和解决问题来认识事物、理解经验的意义的。具体经验是他们理解概念的基础。这种通过实际获得的直接的、具体的感性经验是以语言为主要媒介的接受学习不可缺少的条件。缺乏这种感性经验,脱离幼儿的实际生活去教幼儿知识,即使可以使他们记住,也只能是不解其实际意义的死记硬背。幼儿时期,正是大量积累这种直接的具体的感性经验的时期,游戏的过程是幼儿获得各种实际经验、理解经验的意义的过程。因此,在幼儿园应当以游戏为教学的基本组织形式,让幼儿在游戏中学习,积累实际的感性经验。

第二,上课或课堂教学一般采取集体教学的方式来进行,这种教学组织形式虽然看起来是面向全体,但是这种"面向全体"实际上是模糊了个体差异的集合体,所谓的"面向全体"是面向模糊的一般,采取的是整齐划一、拉平两端向中间看齐的教学策略,缺乏对每个具体个体的"最近发展区"的敏感察觉与适应,不能适当地满足每个幼儿对教学的特殊需要。由于教学活动不能适应每个幼儿的特殊需要,往往使得一些幼儿的外部活动和内部活动逸出教学活动的范围,这时教师不得不经常停下来整顿秩序或者频繁地变更教学方法以吸引幼儿的注意力。这种不断用外部命令或学习的外部形式来刺激幼儿的注意与兴趣的办法,并不能真正培养幼儿学习的内在动机,从长远看,对幼儿的发展是有害无益的。由于"先天"和"后天"的影响,造成了即使是同一年龄的幼儿,也可能在身心发展水平、需要、兴趣、认知结构、经验基础和发展速度等方面表现出明显的差异。不考虑这种个体差异,采用整齐划一的教学内容与方法对幼儿进行教育,表面上看起来似乎非常"平等",但实际上不能使每个幼儿获得应有的发展。只有正确地理解与掌握每个幼儿的发展水平与特点,采用与之相适应的教学内容与方法来对他们进行教育,才能使其发展的可能性最大限度地现实化。因此,有效学习的第二个标志是看这种教学在多大程度上能够满足每个幼儿对教学的独特需要,在多大程度上能够为每个幼儿创造"最近发展区",使每一个幼儿在原有水平上得到应有的发展。

在幼儿园,游戏是进行个别化教学的最好途径,幼儿在游戏中积极主动地与周围环境中的人与物相互作用,主动地建构和表现自己对外部世界以及外部世界与自己关系的认识与理解,在游戏中幼儿的学习与发展的特点有最真实自然的表现。幼儿游戏时间是教师观察与了解每个幼儿身心发展水平与学习特点的最好时机,幼儿可以根据自己的兴趣、爱好来决定活动的内容与方式方法,教师也可以针对每个幼儿的特点进行适当的干预,使每个幼儿都能在原有水平上得到发展。因此,幼儿园教学以游戏而不以课为基本活动,是促进每个幼儿在原有水平上得到发展与进步的个别化教学的需要。

第三,上课或课堂教学以学习者长时间静坐听讲为基本特征之一,而幼儿身心发展的特点是好动,容易被周围环境中的新异刺激所吸引,注意力容易转移和分散,神经系统抑制功能差。长时间让幼儿坐着不动、保持安静对于幼儿来说是件困难的事,而且容易使幼儿疲劳。为了维持教学秩序,教师往往将许多时间与精力花费在处理幼儿的纪律问题上。如果在单位时间内,将大量时间花费在纪律的整顿与秩序的维持上,那么有效的教学活动时间必然减少。幼儿园教学以游戏而不是以上课为基本活动,正是适应了幼儿身心发展的特点,可以把对幼儿行为的消极抑制变为对幼儿活动的促进与引导,从而提高教学活动的效率。

幼儿身心发展的水平与学习特点决定了以幼儿园教学游戏为基本途径的必要性。

第四节 游戏在幼儿身心发展中的地位

一、游戏与传授知识技能的关系

幼儿园教育的重要功能之一是激发幼儿的学习兴趣,帮助他们形成对外部世界的一定认识与理解,学习适应社会生活。对于这个问题的看法实际上涉及幼儿园课程的价值定位以及幼儿园课程目标与内容的决策问题。

幼儿园课程的目标,是促进幼儿一般的社会化过程还是形成特殊的知识技能,对这个问题的看法直接影响到游戏在幼儿园课程中的地位。

如果幼儿园课程的目标是促进幼儿一般的社会化过程,那么游戏就作为幼儿社会化的重要途径而受到重视;如果幼儿园课程的目标是形成特殊的知识技能,那么直接教学(教学中不含有游戏成分)就会受到重视。幼儿园课程目标反映幼儿园课程的价值定位,也反映人们对于童年期意义的看法。在幼儿园课程的价值取向问题上,历来有两种倾向:一种倾向是把童年生活看做成年生活的准备,即低阶段的教育为高阶段的教育做准备。因此在课程内容的确定上,习惯于用高阶段的教育需要来要求低年级教育,强调课程内容的社会政治经济的价值(比如,小学应用题教学目的在于使学生能够解决一些简单的生活实际问题)。这是"自上而下"的课程内容的决策策略。这种策略的弊端在于:①违背幼儿发展规律的训练,迫使幼儿付出努力太大,使幼儿牺牲了个性多方面发展的机会;②过于超前训练所获得的有效率不大,因为只有经过一定的重复和积累,知识才能稳定在人的心理结构中。刻意加速发展,势必导致基础不稳固,这一脆弱基础对以后长远发展没有足够的支持力。这种发展没有后劲,许多后来者居上的事实足以证明;③训练者急于求成浮躁的心态,和所运用的强制性方法对幼儿有很大的影响,幼儿被刻意压抑兴趣,心情紧张焦虑,久而久之将不利于幼儿的个性健康。可以说,这些结果正是那些短视的、急功近利的、以损害幼儿终生发展的可能性为代价的所谓这样或那样的教育结下的苦果,对此我们应有清醒的认识。

另一种倾向认为,一个人具有健全的人格,基础在于丰富充实的童年生活,课程决策的基础在于分析童年生活的需要与发展特点,课程应当促进幼儿自信心、主动性、创造性的发展以及一般的社会化过程。因此,应当在了解幼儿兴趣、需要、发展水平与特点的基础上确定幼儿园课程的内容。相邻阶段之间的关系应是下一阶段把上一阶段的教育继续下去。这种决策的思路是"自下而上"的。如果说"自上而下"的课程决策思路是社会本位的,那么"自下而上"的思路就是幼儿本位的。社会本位的课程决策思路是把游戏与学习对立起来,强调以成人为媒介的直接教学的作用,仅仅把游戏作为灌输知识技能的方法和手段,而忽视或轻视游戏活动所蕴含的对幼儿身心健康与全面发展的积极作用。但幼儿本位的课程决策思路,也不能走向另一个极端,即盲目推崇幼儿活动的自发性,反对成人对幼儿游戏的任何干预。

近年来人们已经认识到这两种极端倾向的危害,试图在这两种极端之间找到"第三条道路",典型的做法就是采取"改造"游戏的策略。幼儿以小组为单位,一般在4~5人,在教师的帮助与指导下,围绕幼儿感兴趣的课题展开活动,探索与发现有关的事物现象之间的关系,并做出自己的解释,教师鼓励幼儿用各种方式交流自己在玩时的经验。

二、对幼儿园课程的理解影响游戏在幼儿园中的地位

纵观100多年来幼儿园课程的发展历史,我们可以看到,游戏在幼儿园教育中的地位与人们对以学科为基础的知识技能的学习之间形成了此消彼长的关系。在某一个时期,某一地方或某一个幼儿园,当人们强调幼儿园课程以学业知识技能的传授为方向时,游戏必然受到忽视与轻视。当人们注重幼儿的创造性、主动性的培养以及童年的幸福快乐时,游戏就会受到重视。长期以来,我们把幼儿园课程理解为教学科目,是客观存在、由成人按一定的规则预先设计好的知识体系,教学过程就被看做是传授这些外在的知识技能的过程。教学活动追求的目标是使幼儿能够模仿或记住这些由教师告诉他们的知识技能,"上课"成为教学的主要甚至唯一的途径。为了提高课堂教学的效果,游戏就被用作一种教学方法。游戏,主要是利用游戏形式与游戏因素编制的教学游戏,因能调动幼儿的学习积极性而备受青睐。正如杜威所指出的那样,由于学习内容对幼儿来说是外部力量规定他们必须接受的东西,而不是他们自己感兴趣的东西,因此,教师就想方设法地采用各种技巧,使材料有趣,用糖衣把材料包裹起来,让幼儿"在他正高兴地尝着某些完全不同的东西的时候,吞下不可口的食物"。游戏正是幼儿园课程教学中的"糖衣"或"包装"。

在这种课程教学观的指导下,游戏只是传授知识技能有用的教学手段或方法。在游戏与"学业"此消彼长的现象背后,反映出课程的不同价值取向:幼儿园课程是仅仅为幼儿入小学做准备,还是帮助幼儿适应与参与社会生活,为终身发展奠定基础?是以帮助幼儿掌握读、写、算等"学业"基本技能为目的,还是以促进幼儿主体性发展为核心的身心全面发展为目的?

随着社会的发展和幼儿园教育实践本身的发展,人们对于课程的理解与看法也在发生变化,课程的价值取向也发生了从知识本位到以学习经验本位的转变。以人的主动性、独立性和创造性为表现形式的主体性发展成为当代教育改革追求的目标。

我们把课程看做是"根据幼儿园教育目标为幼儿设计和组织的、有益于其身心健康、和谐发展的全部学习经验"。从这种课程定义出发,游戏既可以被看做是幼儿园课程的"内容",也可以被看做是幼儿园课程的"形式"。

从获得学习经验的角度来看,游戏是构成幼儿园课程的"内容"。学习经验可以从不

同的维度来划分,可以以学科的维度来划分,如现在比较流行的把幼儿园课程划分为健康、科学、社会、语言、艺术等广域课程的做法;也可以以幼儿发展的内容"身体、认知、情绪情感、语言等"来划分,还可以以幼儿活动的性质或类型来划分。幼儿在游戏过程中不仅可以获得与学科或与幼儿身心发展有关的学习经验,而且游戏活动本身的方式方法就是幼儿学习的对象与内容,应当被看做是幼儿园课程的"内容"。

　　游戏与课程的关系依从于我们对课程概念的理解。游戏对于幼儿园课程来说,究竟是内容还是形式、目的和手段,关键在于我们如何定义幼儿园课程。

第二章

游戏的分类及发展

第一节 幼儿游戏的显性行为特征

幼儿游戏具有显性行为特征。幼儿是在游戏吗？游戏性强还是弱？幼儿园教师在教育情境中如何判断幼儿当前活动的性质，对于教师组织和指导幼儿开展游戏、提高幼儿园活动质量，具有重要意义。研究幼儿游戏的显性行为特征，不仅可以使我们对幼儿游戏有一个基本的感性认识，而且对幼儿园教育的实际工作也有一定的意义。教师指导与评价幼儿游戏，不能离开对幼儿游戏活动显性行为特征的认识。表情、动作、角色扮演、言语、活动对象等通常是活动的外显行为因素。我们可以通过对幼儿在游戏活动中的表情、动作、言语、材料等外显行为因素的观察，认识幼儿游戏的显性行为特征。

一、表情

表情往往是人们用来判断一种活动是不是游戏的一项外部指标。皮亚杰就曾经将微笑作为游戏发生的标志，用以区分探究游戏。当母亲给幼儿洗澡的时候，幼儿的小手无意中拍打到水面，他最初的表情是严肃的、认真的。但是他用小手反复拍打水面后，便开始出现轻松愉快的表情。这种"玩相"的特征是张大的嘴巴、得意洋洋的神情、眼里充满笑意，这种表情传递了一种信息："这是在玩呢"或"我在跟你闹着玩呢，别当真"。

但是，幼儿游戏时并不总是在"笑"，有时候他们的表情是非常专注认真的。例如，他们在玩积木时的表情，在和伙伴们讨论用什么东西代替草喂马吃时的表情，说明幼儿在游戏中的表情不止一种，而是有多种表情。无论是专注认真的表情，还是嬉笑、微笑、扮鬼脸儿、哈哈大笑的表情，幼儿在游戏中的表情特征说明在游戏中他们的身心总是处于一种积极主动的活动状态，而不是消极被动的活动状态。这一点可以帮助我们把游戏和无所事事、闲逛、坐着发呆等行为区别开来。

教师在组织幼儿游戏时，首先要注意观察一下幼儿的表情。如果发现还有幼儿坐着发呆或东游西荡、无所事事，就应该了解原因，设法帮助他们参与到活动中去。

二、动作

动作是幼儿游戏活动中最引人注目的部分。在游戏活动中，幼儿对物体或游戏材料的使用往往不同于日常生活中对物体的使用方式，具有非常规性、重复性和个人随意性的特点。

常规性动作是按社会约定俗成的方式来使用物体的，例如，椅子是用来坐的，"坐"椅子就是常规性动作。但是在游戏中，幼儿往往不按物体的常规性作用来使用它们。比如，脸朝椅子背骑在椅子上假装开汽车，或者假装骑马，这就是游戏性动作而不是常规性动作，具有个人的随意性。不同的人可以用不同的方式去对待同一个物体，同一个人这次玩的方式也可能与下次玩的方式不同。游戏动作的非常规性与个人的随意性构成了游戏动作的丰富多样性和灵活性。

重复性也是游戏动作的特征之一。例如，爬楼梯本身不是游戏，但是假如我们看到一个幼儿在来来回回地爬楼梯，加上表情等线索，我们就会判断"这个幼儿在玩"。重复性可以使幼儿体验到掌握本领的欢乐。

根据游戏动作的不同性质，我们可以把游戏动作分为探索、象征和嬉戏三种基本类型。

（一）探索性动作

探索性动作是对当前事物的性质（如形状、颜色、软硬等）以及事物与事物之间的关系、事物的变化（形状改变、空间位移等）与自己的动作之间的关系的考察，通常是视觉、听觉、触觉、本体觉等感觉的联合活动。当给一个幼儿新的玩具或材料时，他首先出现的反应就是探索，这种探索的目的在于确定当前事物或对象"是什么"，然后才用它来玩。例如，放破皮球在幼儿面前，看看他会有什么反应。结果大部分幼儿（3～4岁）的最初反应是：这是什么东西？用手摸、捏，甚至把皮球由里向外翻过来，同时观察皮球上原有的色彩与花纹。通过这些动作，他们确定了"这是皮球，这个皮球是破的"。接下来他们会用皮球当"锅"、当"碗"、当"电话"、当"西瓜"、当"蘑菇"等。

（二）象征性动作

象征性动作是在表象作用支配下的想象性、虚构性动作，象征性动作包括以一物假装代替另一物来使用（用木棍当牙刷），也包括以言语、动作来代替和标志另一事物和动作的意义（如张开双臂跑、嘴里发出嘟嘟声是在开飞机）。

（三）嬉戏性动作

嬉戏性动作是故意做"坏事"或某种动作来取乐，带有幽默、逗乐、玩笑的性质。例如，幼儿把玩具一次一次地往地下扔；在洗澡时，幼儿故意用手打水，把水溅得满地。

三、角色扮演

角色扮演是一种特殊的游戏动作，是幼儿以自身或他物为媒介对他人或他物的动作、行为、态度的模仿，也可以说是一种象征性动作。我们往往是因为看到幼儿模仿别人的行为、态度，而判断幼儿是在游戏（如看到幼儿模仿护士给病人打针，就能判断幼儿是在游戏）。这是幼儿游戏的一种鲜明的显性行为特征。

幼儿所扮演的角色，大致可分为以下三种类型：

1. 机能性角色

这是幼儿通过模仿范例或对象（如司机）一两个富有特色的典型角色动作（如转动方向盘、脚踩刹车）来标志他所模仿的对象。

2. 互补性角色

这是以角色关系（如医生与病人）中另一方的存在为条件的角色扮演，例如，当"医生"就得有"病人"。这种角色主要来源于幼儿的日常生活，往往是他们比较熟悉的社会人际关系的再现。在这种相对的角色关系中，幼儿往往担任占据主动地位的一方，如医生与病人关系中的"医生"，作为配角的"病人"往往由"娃娃"担任。

3. 想象性或虚幻性角色

这种角色往往在现实生活中不存在，来源于故事、电视文学作品中，如孙悟空、蓝精灵等。

幼儿除了自己直接模仿他人、他物的动作和行为以外，还通过其他物品或玩具来间接地模仿他人、他物以及自己的动作与行为。例如，幼儿让一只玩具狗"哭"，自己便发出"呜呜"的哭声，然后让一只大一些的玩具狗当妈妈，来到小狗面前说："妈妈回来了，别哭了。"在这种游戏中，幼儿自己好像是导演。因此，这种游戏可称之为"个人导演式游戏"。这是在学前期常见的一种游戏形式。

四、言语

幼儿的游戏往往有言语相伴随。注意倾听幼儿的言语，也可以帮助我们判断幼儿是否在游戏。

幼儿在游戏中的言语，按照其功能划分，大致有以下三种不同的类型：

1. 伙伴之间的交际性语言

例如，"我们来玩过家家吧！""把这个借给我用行吗？""这是我的，不给你玩！"……这些交际语言具有提议、解释、协商、表达、申辩、指责他人的功能。

2. 角色之间的交际性语言

例如，"医生，我的孩子生病了，请您给看看。"这对语言合作性的角色游戏起到了维系与支持的作用。

3. 以自我为中心的想象性独白

这种类型的游戏言语表现为幼儿一边玩一边自言自语"这是小松鼠的家，小松鼠的家在树上"等。这种语言是幼儿在游戏过程中思维与想象外化的表现。

注意倾听幼儿的言语，可以帮助我们判断幼儿是否在游戏以及游戏的水平与状况。

另一方面,幼儿在游戏中言语伴随率的高低也可以作为评价幼儿活动自由度和幼儿心理环境质量的一个指标。

五、材料

幼儿的游戏往往依赖于具体的游戏材料或玩具来进行。幼儿年龄越小,对游戏材料的逼真程度要求越高。比如,小班幼儿拿着像牙刷的东西刷牙,大班幼儿用空心拳当牙刷刷牙,再大些的幼儿说"我已经刷完牙了"。任何东西都可以成为幼儿的游戏材料,而玩具是现代社会幼儿游戏时所经常使用的游戏材料。因此,有无玩具或游戏材料也经常成为人们判断幼儿是否在游戏的一个指标。

在游戏中幼儿的表情、动作、言语以及活动材料等构成了游戏的显性行为特征。这些行为特征作为一个整体,告诉我们:这是游戏。同时,它们也在游戏者之间传递"这是玩啊"的信号。

综上所述,幼儿的游戏是一种外部可观察的行为,通过对幼儿的表情、动作、角色扮演、言语和所使用的材料的观察,我们可以判断幼儿是否在游戏。

第二节 幼儿游戏的分类及发展

一、幼儿游戏的分类

对游戏的分类是出于研究的需要。自然状态下幼儿游戏时不以类型命名,他们会说,"我们玩办家家吧"(我们将之归为角色游戏),"我们来搭积木吧"(我们将之归为结构游戏),"我们来打弹子、来跳房子吧"(我们将之概括为规则游戏),"我们来猜谜语吧"(我们将之概括为智力游戏),"我们来玩'三只羊'吧"(我们将之归为表演游戏)。对游戏的分类研究,有助于我们理解幼儿的游戏行为,有助于我们看懂幼儿游戏行为背后的意义,有助于我们指导幼儿游戏时采用不同的技巧。由于人们所采用的研究角度不同,以及对游戏的认识和理解不同,所依据的分类标准各异,因而也就有了多种多样的游戏分类方法。在诸多的游戏分类中,典型的主要有以下几种:

(一)从认识发展的角度分类

从幼儿认识发展的角度对游戏进行分类,皮亚杰是主要的首创者。游戏理论是皮亚杰认识理论的重要组成部分,他认为幼儿在不同的认识发展水平上,会出现不同水平、不同类型的游戏。

1. 感觉运动游戏

感觉运动游戏即机能性游戏、练习性游戏、实践性游戏,这类游戏主要由简单的重复动作组成。例如,摇铃、拍水、滚球、滑滑梯等。这类游戏的动因在于感觉运动器官在运用的过程中所获得的快感。感觉运动游戏在2岁前最为常见,以后比例逐步下降,到6岁时,只占全部游戏的14%左右。

2. 象征性游戏(符号游戏)

象征性游戏是学前游戏最典型的形式,占的时间也最长,从2岁开始,直到入小学,高峰期在3岁。

象征性游戏是幼儿以模仿和想象扮演角色,完成以以物代物(比如,把地板当海洋、椅子当轮船)、以人代人(幼儿扮演医生)为表现形式的象征过程,是反映周围现实生活的游戏形式。象征性游戏也可以满足幼儿在现实生活中不能实现的愿望和要求(比如,想像爸爸那样开车),因此一般认为它具有了解幼儿内心状态的诊断和治疗上的意义。

3. 结构性游戏

幼儿用各种不同的结构材料(如积木、积塑、泥、沙、雪等)来建构物体的游戏,如搭积木、插积塑、泥工、玩沙、堆雪人等。

4. 规则性游戏

这是一种由两个以上幼儿参加的、按游戏规则评判胜负的竞赛性游戏,包括智力性质的竞赛(如下棋)、运动技巧方面的游戏。规则性游戏多在4~5岁以后发展起来。由于规则本身具有不同的复杂程度,对动作技能的要求也不相同,因此这种游戏从幼儿一直延续到成人。对规则的认识、理解和遵守可以为幼儿今后的人生奠定良好的基础。

(二)从游戏社会性的角度分类

1. 无所用心的行为或偶然的行为

幼儿无所事事、独自发呆,或玩弄衣服、东游西荡,偶尔注意看看他人,或碰到什么东西随手玩弄两下。

2. 袖手旁观的行为

幼儿在近处观看同伴的活动,但不主动参与游戏。

3. 单独的游戏

专心地独自玩自己的玩具,不注意也不关心别人的存在。

4. 平行的游戏

幼儿相互之间可能会玩相同的玩具、相似的游戏,也会有相互模仿的现象,也会有少量的交谈,但他们仍是在独自游戏,相互之间没有合作。

5. 联合的游戏

幼儿相互之间一起游戏,谈论共同的活动,时常会有借还玩具的行为,但幼儿关注的仍是自己的兴趣。

6. 合作的游戏

以集体共同的目标为中心,有组织,有分工。例如,大家一起玩雪花片,插一个小公园,甲插小桥、乙插小花、丙插树……大家的作品组合在一起就成为一个小公园。

实际上,这些行为中,真正属于游戏行为的只有后四种。

(三)我国幼儿园常用的游戏分类

在我国幼儿园,通常采用下面的游戏分类方法:

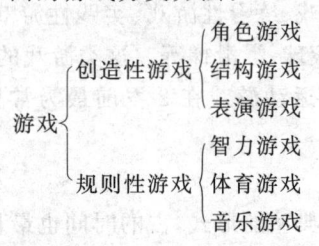

游戏
- 创造性游戏
  - 角色游戏
  - 结构游戏
  - 表演游戏
- 规则性游戏
  - 智力游戏
  - 体育游戏
  - 音乐游戏

这种分类方法主要是由于长期以来受前苏联游戏理论的影响,建立在幼儿教育实践经验之上的一种习惯性模式,着眼于教育活动中游戏的形式、内容及其与发展功能的一致性,便于教师的识别和组织。

以上两大类六种游戏类型之间有着密切的内在逻辑关系。其一,各种游戏之间存在着不同程度的重合现象或交叉关系,它们只是相对独立的游戏类型,并非严格意义上的并列关系;其二,这些游戏类型中,角色游戏具有很强的亲和力,几乎可以渗透到任何一种游戏中,构成一种复合性游戏;其三,智力游戏具有较强的扩散性,几乎任何一种游戏都在不同程度上包括了智力的因素或成分。智力游戏作为一种相对独立的游戏类型,更多的是从教育活动的组织上考虑,把它作为教学活动的一种组织形式。因而,有人把它与教学游戏对应起来,智力游戏与教学游戏在很大程度上是重合的,从幼儿角度来看是智力活动,从教师角度来看则是教学活动。

(四)作为幼儿园教育的形式的游戏分类

一是以游戏的形式开展活动实施教育,完成特定的教育教学目标。在形式上以全班幼儿一起参加的同一游戏活动为主,称为集体游戏。例如,音乐游戏、体育游戏等。

二是注重游戏本身的活动,以游戏为基本活动,注意开展幼儿自选的、自由的游戏活动,充分发挥游戏的自主性特点,称为自选游戏。

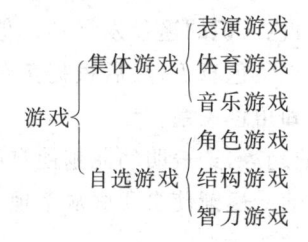

$$
游戏\begin{cases}集体游戏\begin{cases}表演游戏\\体育游戏\\音乐游戏\end{cases}\\自选游戏\begin{cases}角色游戏\\结构游戏\\智力游戏\end{cases}\end{cases}
$$

二、幼儿游戏的发展

幼儿游戏的发展与幼儿身心发展是相辅相成的,一方面,幼儿的发展要求游戏不断地深化;另一方面,游戏的深化又促进了幼儿身心的发展。游戏的发展既表现为幼儿参与游戏心理因素(如认识社会性等)的发展和身体因素(如运动能力等)的发展,也可表现为游戏本身随幼儿年龄增长在内容上的不断扩展和形式上的不断升级。游戏是幼儿身心发展的生动写照。

(一)以认识为主线的幼儿游戏的发展

1. 感觉游戏的发展

感觉游戏从婴儿出生后2～3个月开始出现,1岁前最多。感觉游戏随适宜刺激的出现和消失而产生和停止,一般持续时间短。幼儿从这种游戏中得到的快感是生理性的,是感觉器官对适宜刺激的机能性需要得到满足的结果。

婴儿的感觉游戏在感知觉器官和运动系统的发展、成熟过程中不断发展,同时也促进着感知和运动机能的成熟和完善,促进着以感知觉和实际动作为基础的感知行动性思维即婴儿认识的发展,继而促进身心的全面发展。

2. 象征性游戏的发展

到2岁以后游戏开始达到一个新的发展阶段,象征性游戏以及结构性游戏成为幼儿游戏的主要形式,也就进入到学前儿童游戏的象征性阶段。象征性游戏是婴儿典型的游戏形式。2~4岁是象征性游戏的发展高峰期。情景转变、以物代物、以人代人是象征性游戏的基本构成要素。

情景转变是使行为脱离它原有的真实生活情景即动作脱离真实背景,如把眼前的情景假想为邮局、医院、汽车、商店、战争场面等。

一般来讲,情景转变可作为象征性游戏发生的标志,实际上情景转变也是以物代物、以人代人得以进行的前提,在1~1.5岁的婴儿中最早出现。在幼儿期,随着动作和语言能力以及形象思维能力和社会性能力的发展,象征性游戏逐渐丰富起来,情景转变的发生更加频繁,持续的时间更长,从家庭延伸到社会。

以物代物是用一种事物代替另一种不在眼前的事物,并且能够用被代替物的名称命名当前的物体。1.5~2岁的婴儿开始出现以动作为中心的似是而非的以物代物活动。2~3岁真正的以物代物活动开始出现。3~4岁以后以物代物水平越来越高,一种材料可代替的事物也越来越多。

以人代人是指幼儿在游戏中通过自己的形体动作、表情言语等来模仿、假装他人或某一非属自己真实身份的角色的行为及其特征,即角色扮演。角色扮演的心理结构较复杂,它主要包括角色行为、角色意识、角色认识等。从角色扮演的发生、发展过程来看,它是循着角色行为——角色意识——角色认识的途径发展的。但到幼儿中期以后,行为与意识的关系就发生了逆转,首先是建立角色意识,然后根据角色去选择玩具材料,围绕角色组织动作,实现一系列的角色行为和角色关系。

象征性游戏在4岁时呈衰减趋势,这表明幼儿越使自己适应自然和社会世界,就越少迷恋于象征的歪曲和转换,因为幼儿逐渐使自我服从于现实,而不是使外部世界服从于自我。

3. 结构性游戏的发展

结构性游戏是我国幼儿园、托儿所最常见的一种游戏形式。3岁左右的幼儿往往是同积木嬉戏,这个年龄的幼儿的结构性游戏,其乐趣更在于摆弄材料的过程,这是感觉运动性的延伸。其建构的目的不明确,随时会改变主意。在4~5岁幼儿身上,开始出现模拟物体的努力,目的性也越来越明确。5~6岁的幼儿逐渐能选择恰当的建构材料建构形式逼真的物体,而且表现出较高的创造性。幼儿后期,可以联合起来开展游戏。

象征性游戏与结构性游戏在实际学前儿童个体的身心发展过程中,既交叉又融合,游戏发展由感觉运动水平向象征性水平的转化和升华,使象征性成为幼儿阶段游戏的典型特征。

(二)以社会性为主线的幼儿游戏的发展

学前游戏以社会性行为表现的不同,呈现了以社会性为主线的不同发展阶段。

1. 独自游戏阶段

学步期前后的婴幼儿通常以这种方式进行游戏。该阶段幼儿的游戏还没有表现出明显的社会性特征,婴幼儿以自我为中心,不大察觉别人的存在。

2. 平行游戏阶段

3岁左右的幼儿会在一起玩,但他们各玩各的,彼此之间没有交流。他们会察觉到其他幼儿的存在,幼儿之间会相互模仿,形成了初步的玩伴关系。

3. 联合游戏阶段

4岁以后,幼儿会留心别人的游戏,会互借玩具,有时会加入对方的游戏中,并且相互交谈,但大家没有建立共同的目标,没有真正的组织者或领导者。

幼儿在联合游戏中开始表现出明显的社交行为,但每个幼儿在游戏中仍以自己的兴趣为中心。

4. 合作游戏阶段

5岁以后幼儿开始出现较多的合作游戏,合作游戏是社会性程度最高的游戏。5岁以后的幼儿已有较丰富的社会交往经验、较好的语言表达能力,他们可以一起商讨,确定游戏的主题、角色的分配、材料的选择等,有了集体活动的共同目标。

第三节 游戏在幼儿发展中的价值

《幼儿园教育指导纲要(试行)》指出:"幼儿园教育应尊重幼儿的人格权利,尊重幼儿身心发展的规律和学习特点,以游戏为基本活动。游戏是幼儿生理和心理发展的需要,也是幼儿体、智、德、美全面发展的要求。游戏中有动作、有情节、有玩具和游戏材料,符合幼儿认知的特点,能唤起幼儿的兴趣和注意力,激发幼儿积极的感知、观察、注意、记忆、思维、想象等,在轻松愉快的氛围中促进幼儿的发展。"由此可见,幼儿喜欢游戏,不仅是身心特点的反映,也是身心发展的需要。因此游戏对幼儿身心和谐发展具有十分重要的作用。

一、游戏是幼儿的基本活动

(一)游戏是幼儿发展的需要

在幼儿生活当中,游戏是幼儿的基本活动,可以说,幼儿是以游戏为生活的。

什么是基本活动?心理学把各个年龄段的主要活动定义为基本活动。对于成人来说基本活动就是工作,工作以后才能适当地休息,虽然我们生活中的一些事情对人们来说也是游戏,但是成人必须以工作为基本活动。而游戏是幼儿阶段的基本活动。所谓基本活动有两个含义:一是满足基本生活需要的活动,在生活中所占次数最多的活动;另一个是在生活发展中有重要意义、重要影响的活动。

对幼儿来说,游戏是基本活动,表现为幼儿吃饱了、喝足了,一有时间、一有精力就去玩,甚至把生存需要的活动都转变为游戏。例如,让幼儿去洗脸、刷牙,幼儿就会借这个机会玩水。幼儿是非常喜欢游戏的。那么为什么幼儿要游戏、要玩呢?因为幼儿游戏满足人身心发展各个方面的需要,身心发展的需要可以从各个角度去认识,其中有一些是最基本的需要。

第一个方面的需要是和生存活动相关的需要,例如,吃、喝、睡等。和生存需要在同一个层次上的还有安全的需要,即幼儿的周围环境是否对他有安全感。安全需要是在成人满足他基本生存需要的基础上形成起来的。他哭,给他提供食物;尿湿了,给他换尿布。幼儿逐渐对外界环境有一个安全的感觉。很多材料中有这样的图片:许多幼儿喜欢被成人玩,做父亲的喜欢把幼儿往上抛,幼儿也会很高兴,咯咯地笑。为什么幼儿在腾空时不觉得害怕呢?因为他对成人有一种安全和信任的感觉。这就是一种安全和信任的需要,这种需要是在成人满足他基本生存需要的基础上产生的。在这个层面上还有一个身体活动的需要,这个层次是和身体活动有关系的。归纳起来,有三种需要:生存需要、安全需要、身体活动需要。

第二个方面的需要是认知活动的需要。认知活动的需要是幼儿表现出的对事物的好奇、好动,对事物的探索,对什么事物都想摸摸、动动。这些都是认知活动的需要。

另外,幼儿在和外部环境相互作用的过程中,产生社会性交往的需要,这是第三个层次的需要。刚开始是和成人交往,成人是其社会性交往的最早对象,以后又逐渐过渡到与伙伴交往。幼儿在这个层面上,自我认识逐渐发展,同时他还有一个自我肯定的发展需要。

(二)游戏与幼儿发展需要的关系

首先,游戏可以满足幼儿身体活动的需要。

幼儿好动是因为其神经系统和骨骼肌肉发育较快造成的。幼儿的神经系统和骨骼肌肉发育不完善,神经系统兴奋强于抑制,让幼儿老老实实待着不动,这对他有很大的难度。从骨骼肌肉的发展和骨骼的成分来讲,都驱使他不断地运动。曾经让体育健将模仿新生儿的动作,结果运动员都累得气喘吁吁,满头大汗。但是幼儿并不觉得累,幼儿的身体是在活动当中得到发展的。所以,让幼儿老老实实地坐在那里,对他来说要付出很大的努力,是很困难的。

幼儿在游戏中奔跑、跳跃,即便是在室内玩一些比较安静的游戏也可以不断地变换动作,所以幼儿都喜欢玩。我们最早的游戏是为了消耗剩余精力,因为吃饱喝足以后,还有好多能量没有释放出去。幼儿游戏就是释放这些能量,也就是发泄剩余精力。成人是吃饱喝足以后,用剩余精力去工作,幼儿就用这些精力去玩,反过来就会影响他基本的生活需要。

幼儿游戏的认知性比较强,要使幼儿身体健康,一定要给他活动的机会。游戏当中除了有一些大肌肉的活动外,还有一些小肌肉的活动,这样幼儿可以得到全面的活动。幼儿游戏是满足好奇心的需要。幼儿在游戏当中去探索、去发现。这种探索和发现的过程不仅在很安静的游戏当中和认知性活动比较多的游戏当中得以体现,而且也体现在户外活动中。例如,看幼儿滑滑梯。刚开始,他也害怕,爬到上面战战兢兢,规规矩矩地滑下去,这是一种动作性的学习。熟练了以后,他会改变这种游戏方法,采取一些新的游戏方式,可能会变换各种动作玩滑梯,这在心理学上叫作"多样性探究"。幼儿可能倒着爬滑梯,躺着滑下来。幼儿在各种活动中都是这样的。例如,给幼儿买电动汽车,幼儿就要去看看汽车为什么能自己跑起来。

其次,游戏还可以满足幼儿社会性交往的需要。幼儿喜欢与成人和小伙伴一起玩,所以游戏的过程是幼儿最早的社会性活动。在2岁以前幼儿一般与成人交往,2岁以后逐渐对小伙伴发生兴趣,成人代替不了小伙伴的位置。伙伴交往在以后的过程中越来越重要。在游戏当中,幼儿有一种自我肯定的需要,他有一种成就感,玩什么、怎么玩都由幼儿自己决定。他自己制定目标、制订计划,在游戏当中不会有挫败感,每一次玩,他都可以体验到自己的成功。例如,2~3岁的幼儿搭积木,他们虽然没有掌握大小积木的平衡关系,只是乱搭,小积木在上面,大积木在下面,没搭几块就塌了,但是幼儿还是很高兴,积木倒下去的过程让他们觉得很快乐。所以游戏过程没有失败,幼儿有成就感。

现在幼儿玩得较多的是插积木。幼儿每插好一个作品就会跑到妈妈那里说:"妈妈,看我插的积木多好看!"幼儿很希望有人能与他们分享喜悦。

(三)幼儿期是特殊的游戏期

游戏期的形成是自然进化的产物,从自然界动物的演化来看,并不是所有的动物都游戏。研究证明,只有高等动物才游戏,低等动物是不游戏的。低等动物的童年期特别短,有的没有童年期,所以没有游戏期。只有动物进化到一定阶段以后,才有可能存在游戏期。生物学进化论提出了游戏期的概念,很多研究动物的科学家也发现,游戏对于动物来说也是一种天生具有的能力。

游戏期的存在对高等动物的幼年期是非常重要的,有很多这样的观察报告证明游戏可以帮助小动物适应环境。例如,黑猩猩有一种习性:把树枝涂上唾液,插到白蚂蚁洞中,过了一会儿树枝上沾满了白蚂蚁,黑猩猩舔食白蚂蚁,这是它的一种生活习性。小猩猩开始不会钓白蚂蚁,但它也想吃白蚂蚁,它就要学这个事情。小猩猩钓白蚂蚁的过程就是一个游戏的过程,它同样模仿大猩猩折树枝,用嘴舔一下,然后放进蚂蚁洞,但是它根本不会钓蚂蚁。在这个游戏当中它慢慢地观察大猩猩的每一个动作细节,通过游戏逐渐学会这样一种技能。

还有很多类似的研究:为什么小猫喜欢滚线球?研究表明,小猫喜欢滚线球是因为它要练习抓老鼠,抓老鼠是它的本能活动,但是由于每一只猫,它的胖瘦不同,弹跳的能力不同,它的本能是不完善的,这就需要通过游戏来练习。

在动物游戏中我们也发现,游戏是动物适应社会生活的一个重要途径。有这样一个实验:把两只猴子放在两种不同的环境中饲养,一种环境是让猴子与它的母亲在一起,而不与伙伴在一起玩;另外一只猴子没有妈妈,用一个铁丝制成的假猴子裹上毛巾装作大母猴,但是允许这只小猴子与别的猴子一起玩。结果发现,两种环境当中成长出来的猴子是不同的。第一种环境是只与母亲交往,没有和同龄伙伴活动的环境,结果这只猴子长大以后,没有办法适应群体生活,包括基本的性行为也是不正常的,伙伴群体也不接受它。另外一个猴子虽然与假母猴在一起,但有与同龄伙伴交往的经验,它的行为都是正常的,所以它能够适应猴子的群体生活。这说明仅有母亲是不够的,需要有与伙伴在一起的经验,才能够适应集体生活。后来继续做实验研究,让缺乏伙伴的猴子,再与小猴子在一起生活进行改造。通过一个再改造、再塑造的过程,它可以适应群体生活了。这些实验都是在动物身上做的,说明游戏对动物是非常重要的。在人类中也做了很多研究,都说明游戏是非常重要的。人类的童年期不光是自然进化的产物,也是社会进化的产物。

(四)游戏是幼儿的学习

幼儿要在短短的6~7年里学会做很多事情,吃饭、穿衣、说话、游戏、与人交往都是他们很重要的学习。如果幼儿不能很好地完成这方面的学习,就会对以后的学习、发展造成影响。在幼儿的各种学习活动中,游戏是幼儿掌握各种技能的很好的途径,游戏就是幼儿的学习。

首先,游戏与创造性密切相关。现代社会对人的要求是不仅要适应社会,而且要创造性地适应社会。工作中的创造性要从小培养。游戏是培养创造性的重要的途径。现在的幼儿,学习压力越来越重。很多幼儿园让幼儿从小学认字、学计算,认为游戏是不重要的,其实游戏有一个很重要的作用就是培养幼儿的创造性,在这方面有很多研究。一位美国的心理学家设计了一个很新颖的玩具,这个玩具如同大箱子,箱子上面有许多按钮,每个按钮有一定的功能,可以说这个玩具的探索性非常强。幼儿可以在箱子上面玩。心理学家请一批幼儿园的幼儿做被试。他把幼儿对玩具的反应记录下来,然后分类。结果可以分成三种类型:一种类型是无探求精神者,这类幼儿只是看看而不去动手;第二类幼儿是有探求精神者,这些幼儿去摸、去动、去看它能做什么,但是这些幼儿不拿它做想象的游戏,例如当轮船、汽车等;第三类幼儿是创造性探究者,他们不仅摸、动,还拿来玩。三年以后,这些幼儿进入小学。心理学家到小学去跟踪这些幼儿的情况,为这些幼儿做了一个创造性的测验。结果发现无探究精神的幼儿在测验中得分是最低的,得分最高的是创造性探究者。后来与教师了解这些幼儿的情况,发现如果是男孩无探究精神,在学校的表现就特别不好,非常胆怯、不会交往,基本上是被大家遗忘的幼儿,学习成绩也不是很好;女孩则特别害怕交往,连别人与她讲话都觉得手足无措。得分最高的就是创造性探究者,他们性格开朗、活泼、愿意与人交往。从游戏中就可以看出,幼儿喜不喜欢玩与幼儿今后各方面的成长有很大关系。

很多研究都证明,爱玩的幼儿、在游戏当中能出点子的幼儿,在今后的各个方面发展得都比较好。

为什么在游戏中可以发展幼儿的创造性?游戏的特点就是幼儿拿这个东西做什么。如一把椅子,约定的社会习惯模式就是用来"坐"的。那么幼儿拿这把椅子做什么?会想办法的幼儿可以将一把椅子玩成好多花样,倒着骑马、开车……游戏的特点是幼儿可以根据自己的想法实现其内容,所以游戏能够培养幼儿的创造性。

其次,游戏和解决问题的能力密切相关。解决问题是指解决生活当中可能会遇到的各种各样的问题。我们现在的许多研究表明:游戏培养幼儿解决问题的能力。我们举一个生活当中可以看到的情况:一个小姑娘玩"娃娃家",她想用手绢包这个娃娃,可是长度和宽度都不够,这对幼儿来讲是一个问题。这个幼儿翻来覆去地折腾了好长时间,终于找到了一个解决的办法——用对角斜过来包。幼儿完成以后长长地舒了一口气,这说明问题解决了,幼儿有一种非常轻松的感觉。再例如很小的幼儿,球掉在地上了,他要去捡,那么怎么捡这个球?1岁多的幼儿有一个空间知觉的问题,他可能走一小步就蹲下去,够不着又站起来,一点儿一点儿地挪。他解决了捡球的问题,同时又对空间知觉有了很好的了解。

在游戏过程中会出现各种各样的问题,这些问题情景不是我们成人给幼儿设置的,他们要通过学习,了解很多生活中存在的问题,发展自己的智慧。

第三,游戏与社会性交往密切相关。有一种游戏是"猜猜我是谁":前面的幼儿不能看后面的小朋友,另一个幼儿说一句话,让幼儿猜他的姓名。这种游戏对幼儿来说需要有一种心理的挑战。用自己声音说话的幼儿一下子就可以被猜到,有的幼儿伪装别人的声音,别的小朋友就觉得很有趣。幼儿往往站在自己的角度去想问题,而不会站在别人的角度去想问题。就好比幼儿知道自己有几个哥哥姐妹,可是不知道他的哥哥有几个兄弟姐妹一样,这需要他站在哥哥的角度想问题,他可能不会。许多研究也表明幼儿是以自我为中心的。

又如让幼儿给妈妈挑一个生日礼物,幼儿往往挑自己喜欢的礼物,这就证明他是以自我为中心的。有的游戏要求幼儿站在自己的角度去想问题。但是,更多的游戏要站在别人的角度去想问题,这样的游戏让幼儿学到站在别人的角度想问题是非常重要的。

因此,游戏是幼儿学习创造性地解决问题、学习社会交往的最佳途径。

二、游戏的价值

(一)游戏能促进幼儿运动能力的发展

要使幼儿身体健康,一定要给他运动的机会。运动将保证幼儿生长中对运动量的需求。幼儿的运动能力表现为肌肉的控制力、身体的平衡力、活动的协调性,这些均可在游戏活动中得到实现。

教师可以组织如攀登、追逐、跳绳、滑滑梯、走平衡木等活动,促进幼儿大肌肉群的发展,并使动作趋于协调。手影、手指操、折纸、捏橡皮泥、串珠等游戏则可以锻炼幼儿手部肌肉群的发育及协调能力,使动作趋于精细。当教师提供了这些游戏内容,幼儿便可根据自己的运动能力去选择游戏的内容,并在游戏中发展运动能力。这样两者相辅相成,运动能力伴随着游戏水平的提高而提高。

(二)游戏能促进幼儿认识水平的发展

游戏是幼儿生活的反映。在游戏中,幼儿通过眼看、耳听、口说、手摸等各种感官的参与,来了解各类事物的性质,经过这样的实践所感知的事物印象就深,记忆也牢。在游戏中,幼儿广泛地接触各种玩具和材料,通过自己的感知,了解物体的性质、特征、用途等,使自己对周围事物的认识得以加深和巩固。例如,在玩滑梯的游戏中,通过爬上和滑下的运动,幼儿体验到高低的变换,理解"高"、"低"、"上"、"下"等方位概念。又如冬天上学可以滑冰、打雪仗,幼儿在冰上随意滑动,在雪地滚着越来越大的雪球,抛出去即会散开,放在手掌即会融化,幼儿感知到雪与温度的关系;夏天在水里玩耍嬉戏,幼儿体会水的无色、无味、会流动这些特点。一边游戏、一边认知是在幼儿园的课堂上无论用怎样生动、形象的教法,也难以达到的认识水平。幼儿思维活动的知觉性强,游戏能为幼儿提供操作实物和活动的机会,这就使幼儿的思维处于十分活跃、积极的状态,在不断提出问题、解决问题的过程中发展起来。而幼儿提出的问题大多源于游戏,在游戏中他们往往需要材料、需要扮演角色、需要提出一些实际的问题。因此,他们在不停地观察、比较、探究、验证,思考许多问题,问许多为什么。在游戏过程中尽管幼儿找到的答案只可能是自圆其说,或者部分知识正确。然而,其中的感性经验却启发了思维的火花,使其比较、分析、判断的思维能力得到加强。游戏中教师除了准备材料、提出要求之外,还要积极发展幼儿的口语表达能力。幼儿在游戏过程中,通过语言与同伴交流,进行协商、计划、设计,完成对游戏内容、角色、玩具或材料、规则、背景的安排,这样既利于幼儿的语言组织,又促进了幼儿语言表达能力的发展。例如,在角色游戏"拔萝卜"中,幼儿首先要熟悉故事内容,然后分配角色、设计规则、准备用具、安排场景等,这些都离不开语言的参与。幼儿通过生动、具体的语言的运用,调节自己的游戏行为,也以具体的感知和动作,变换自己的语言,从而发展了语言,并以语言为中介建构对现实世界的认知与理解,发展智力。

(三)游戏能促进幼儿社会性的发展

幼儿期是人社会化过程的开端,幼儿园又是幼儿学习社会的学校。为了适应所面临的社会生活,幼儿必须逐步了解社会生活知识,掌握社会行为规范,这些技能在社会交往中实现,而游戏则是幼儿实现这种社会交往的重要场合。因为游戏首先促成了共同的交往功能关系,在成功的交往经验和失败的交往教训中,帮助幼儿掌握交往的技能,这样幼儿即可在游戏中学会共享、交换、轮流、平等竞争等。因此,游戏与社会性有着不可分割的关联。游戏是幼儿社会发展性的体现,是幼儿接触社会、认识社会的基础。所以游戏是促进幼儿社会性发展的最佳动力和途径。

1. 角色游戏促进幼儿社会性的发展

角色游戏是幼儿通过扮演角色、运用想象,创造性地反映个人生活印象的一种最典型、最有特色的游戏。因此角色游戏最适合幼儿社会性发展的需要。

(1)幼儿对现实生活的需要是角色游戏的源泉。角色游戏是幼儿对现实生活的一种积极主动的再现活动。游戏的主题、角色、情节、使用材料都与社会生活有关。幼儿根据自己对社会生活的种种印象,对游戏的情节进行安排和设计,并按照自己的意愿、兴趣和能力来进行。这就给了幼儿一个独立的机会。

(2)幼儿对社会生活的反映和动作的模仿,有助于幼儿学习社会性行为,发展交往能力。如开设小店或创设一处参观场所,有利于在自然的情境中促进幼儿的口语交流。开设动物园则可以培养幼儿互相配合、统筹安排的意识和能力,比如哪些幼儿扮演动物,哪些幼儿管理动物,哪些幼儿负责售卖门票和验票等。一个动物园就是一个小团体,合作协商得好,就能高效运转。角色游戏为幼儿提供了实践社会行为道德的机会,在游戏中幼儿通过扮演角色,反映现实生活中人与人交往的关系,模仿社会生活中人们的行为准则,学习劳动者的优秀品质、待人接物的态度等。这样幼儿便能通过游戏学习关心他人、尊重长辈等良好的思想品德。

2. 结构游戏促进幼儿社会性的发展

结构游戏是幼儿利用各种游戏材料或玩具进行构造的游戏,能培养幼儿热爱生活、认真细致、克服困难、坚持完成任务,以及团结协作等优良的社会品质。

(1)结构游戏是反映现实生活的幼儿游戏活动。在幼儿进行构造的活动中,反映我们伟大祖国雄伟建筑和社会主义建设中新的建设成就,也培养了对祖国、对劳动人民、对生活的热爱。

(2)结构游戏是一种细致的工作。一个物体或一个建筑需要很多材料组合起来才能构成,幼儿在构造过程中会遇见困难、倒塌的失败,这有助于培养幼儿细致、耐心、勇于克服困难、不气馁、坚持到底的优良品质。

(3)幼儿的结构游戏有独自进行的,也有合作进行的。幼儿在构建过程中出现问题时,教师应引导幼儿为解决问题一起协商、互助,可帮助幼儿更好地学会合作。如在一次搭建桥的活动中,有一组幼儿搭的桥不稳固,失败了两次,教师发现后,便引导幼儿一起找原因,结果发现是作桥墩的"薯片筒"不稳,怎样才能解决呢?教师把"难题"抛给了幼儿们,然后自己远远地观察:一个幼儿提议用几个长方形的积木摞起来试一试,幼儿们一起动手换上了积木,这下桥稳了。这时另一个幼儿又提议:"我们试试在'薯片筒'里装上一些积木能不能站稳呢?"大家又动起手来,这次也成功了。幼儿们在解决问题的过程中,尝到了合作的"甜头",提高了合作的能力,协调了彼此的关系,有助于幼儿集体观念的形成。

3. 表演游戏促进幼儿社会性的发展

表演游戏是幼儿根据文化作品的内容进行表演的游戏。表演游戏和角色游戏都是幼儿扮演角色的游戏,以表演角色的活动为满足。

(1)表演游戏可以培养幼儿勇敢的精神,遇到困难能动脑筋,做错事敢于承认等品质。通过创造性的表演游戏,可以更好地掌握作品的内容,了解作品事件中的因果关系,领悟任务的思想感情,受到情操方面的陶冶和教育。例如,表演《斗大灰狼》,幼儿对大灰狼的凶恶、做作会很生气,纷纷帮小白兔出主意。又如《冬天里的小鸟》表演活动,教师预先设计一个情景:一只受伤的小鸟遇到了自私的树和友好的树,由儿童设想接下来发生的故事情节,装扮成受伤小鸟的儿童面对伤痛、寒冷、饥饿想办法寻找帮助,而面对受伤小鸟的大树也会有自己的想法。情景表演一方面起到了娱乐的作用,另一方面又起到了教育的效果。

(2)表演游戏可促进幼儿集体观念的形成。表演游戏能促进幼儿具有共同的体验、协调一致地进行,有助于培养幼儿的集体观念。在表演游戏的过程中,可以帮助幼儿克服羞怯、胆小的心理,增强幼儿的自信心。

(四)游戏能促进幼儿个性的发展

游戏是幼儿自主自愿的活动。这是因为游戏是活动的指南,它在于活动过程本身的享受,而不是在于对活动结果的追求。幼儿在活动中始终是自由自在,毫无心理压力的。因此能在轻松愉快的游戏气氛中,获得通过自我努力而成功的欢欣和自豪。这种积极的情绪体验,将使幼儿们的求知欲及生理、心理需要得到满足,只有游戏才能使幼儿摆脱对成人的依赖,激发起一种完全出自本身的勇气,促进其个性的和谐发展。虽然游戏中幼儿有相当的独立自主性,他们自己找材料、出主意、想办法、动手操作,但是教师在投放材料上不仅要充分,而且要符合不同幼儿的不同需要,以促进不同水平的幼儿在原有水平上的发展。

事实证明,游戏不但促进了幼儿体、智、德、美的全面发展,同时也培养了幼儿各方面的能力,幼儿社会化教育是社会发展的需要,也是幼儿成长的需要,而游戏则在其中起着积极的作用。因为幼儿社会意识的形成并不是自然而然发生的,而是靠教师、家长和幼儿的共同努力形成的,所以每位幼儿园教师都应该增强这种意识,努力为幼儿创设参与游戏的时间、空间,为培养21世纪的合格人才奠定基础。

第三章

西方各学派的游戏理论

理论往往是通过概括行为表现和探索行为原因,从而对行为作出的一种解释。从古至今,许多专家、学者致力于幼儿游戏的实验与研究。由于游戏行为涉及许多学科,如人性、人类文化、人的精神、人的生存意义以及人的发展等,涉及许多学科的根本性问题,所以对它的研究,曾引起哲学家、美学家、人类学家、心理学家、教育学家等各方面学者的广泛兴趣。由于他们研究的不同立场、不同角度、不同出发点和不同指导思想,因此出现了形形色色的理论观点,这些理论虽然各有其不足之处,但是从各种理论、各种观点的对立和联系中,我们仍然可以借鉴到不少有益的思想,给我们今天理性地思考幼儿游戏以不少的启示。比如,我国的《严氏家训》、《孔子》、《孟子》等;国外的有法国卢梭的《爱弥尔》,英国洛克的"白板说"等。

关于游戏的本质,各种游戏观所作的阐述精彩纷呈、歧见迭出,可谓仁者见仁,智者见智。这里概括地作以介绍。

第一节 早期的传统游戏理论

早期的传统游戏理论是指第一次世界大战之前所倡导的游戏理论,由于这些理论在当时以至后来有着广泛和久远的影响,在理论界占据重要地位,所以也被称为经典的游戏理论。这些理论主要研究游戏产生的原因与结果。比较有代表性的主要有以下几种:

一、精力过剩说

这一理论的代表人物是德国诗人、美学家席勒(F·Schiller)和英国哲学家、社会学家斯宾塞(Herbert Spencer)。他们认为,游戏是人的机体内部剩余的力量产生的一种自主的、自发的行动。其观点是:生物都有维持自身生存的能力,高等动物维持生存所耗精力之外,尚有剩余精力,游戏便成为一种消耗剩余精力的出路。

幼儿在日常生活中消耗的精力较少,有着富余的精力,这些富余精力必须从体内发散出去,否则就像不透气的压力锅那样会爆炸,游戏便是宣泄剩余精力、保持健康的最佳通道。他们认为,人类的活动无外乎两种:一种是有目的的活动,称为工作;另一种是无目的的活动,游戏便是其主要方式。通过游戏与艺术相通性的研究,他们还认为,游戏是人类审美领域里的最高境界。

德国思想家席勒认为,人与动物区别的根本标志就是有没有"自由意志"。英国哲学家斯宾塞发展了席勒的观点,认为消耗剩余精力的游戏活动是随种系进化而变化的。他也对游戏进行了分类:①感觉器官的过剩活动;②艺术—美学的游戏;③高级的协调力量的游戏;④模仿。

精力过剩说所具有的普遍常识性,使它到今天依旧很流行,它可以解释为什么幼儿在教室里上了一段时间的课后,需要到游戏场上奔跑、追逐,也可以解释为何幼儿会比成人更有精力,以及为何高等动物比低等动物更有精力。当然,精力过剩说也有很严重的缺陷,因而也遭到来自各方面的批评:第一种批评观点认为,这是一种没有以实验为依据的证明。比如,从刚识数开始,我们就知道1+1=2,但1+1为什么等于2呢?得有理论证明,才能让人信服。因而,这一理论被首先认为是没有依据的、不能试验的,所以是不能让人信服的;第二种批评观点认为,它不能解释为什么幼儿总是游戏到筋疲力尽的程度,随即又开始游戏。如果是精力过剩,那么幼儿在发泄之后应当休息,而往往他们又全身心地投入到游戏或新游戏中,乐此不疲;第三种批评观点认为,它违背进化论的观点。认为对人类生存有利的行为特性才会一代代延续,而游戏被认为是多余的,对生存并不是必需的活动,却一代代延续,甚至越高级的动物对它越需要,这似乎与进化论的观点产生矛盾;还有一种批评的观点认为,这种理论陷入了一种循环论证,比如,猫捉老鼠与猫追皮球比较,精力消耗少,却不被认为是游戏,而追皮球精力消耗多却是游戏了,其准则和行为是嬉戏还是严肃,这与精力过剩论有一定的出入。

二、松弛消遣说

松弛消遣说的代表人物是德国学者拉察鲁斯(有的音译为"拉扎鲁斯")(M·lazarus)和裴茄克(有的音译为"帕特里克")(Patrick)。其主要观点是:人类在脑力和体力劳动中都会感到疲劳,为了放松自己,消除疲劳、恢复精力,就产生了游戏。游戏不是发泄剩余精力,而是为了精力的恢复。这种观点认为,有机体在持续工作以后丧失了大量的精力,需要有一种能使有机体放松,并使失去的精力得以重新恢复的活动,这个活动就是游戏,因此游戏是使失去的精力重新恢复起来的一种活动。对于幼儿来说,由于身心发展水平的限制和生活经验的缺乏,面对复杂的外部世界难以适应,很容易产生疲劳,所以需要游戏来使自己得以轻松和恢复精力。

这种理论可以使人在幼儿教育中受益。比如,教学安排:智力活动与游戏交叉进行,或者将智力活动寓于游戏之中,使幼儿的生活处于一种动静交替、有张有弛的有序结构中。但同样,这种理论有其局限性。比如,这种观点把体力方面的艰苦劳动所产生的疲劳,看成少于脑力紧张的劳动,那么它就无法解释体力劳动者为什么也要游戏。

三、预演说

预演说的代表人物是德国生物学家、新达尔文主义者格罗斯(K·Gross)。其主要观点是:幼儿有天生的本能,但本能不能适应未来复杂的生活,要有一个生活准备阶段。这就要求在天赋能力的基础上进行练习,锻炼自己适应"生存竞争"所必需的能力。因此,游戏是幼儿对未来生活的一种无意识的准备，是一种升华本能、练习生活的手段。

这种观点的价值在于，他强调了游戏的实践意义，强调了游戏中的学习，把游戏与幼儿的发展联系起来。当然，他的明显错误在于颠倒了游戏和劳动的关系，颠倒了游戏和童年的关系，是一种先验论的思想。

四、复演说

19世纪末期，科学家发现人类胚胎的发展经历了与人类进化过程同样的一些阶段。例如，人类胚胎具有与鱼鳃类似的生理结构。这个发现导致了个体的发展重现种族发展的理论。美国心理学家斯坦利·霍尔（G·Stanley Hall）将复演说应用于幼儿游戏。Hall认为通过游戏幼儿复演了人类的发展阶段——动物、原始人到部落人等等，儿童游戏的阶段性也遵循人类进化的顺序。因此，幼儿爬树的活动（如同我们原始祖先）会在群体游戏（部落人）之前出现。游戏的目的是消除那些不应该在现代生活中出现的原始本能。例如，幼儿玩棒球，可帮助幼儿消除用棒子攻击之类的原始打猎的本能。

霍尔认为，从原始人到现代人人类游戏发展分为五个阶段：①动物阶段：是指类人猿阶段。幼儿表现本能的反应，如吸吮、哭泣、抓爬、站立等。②未开化阶段：是指靠猎取动物为生阶段。幼儿表现为追逐游戏、丢手绢游戏和捉迷藏游戏。③游牧阶段：靠游牧为生。幼儿表现出爱玩小猫、小狗、小鸡、小鸭的游戏，爱护小动物的游戏等。④农业耕种阶段：幼儿表现为玩娃娃、玩具、挖地、挖河等游戏。⑤城市阶段，也称部落阶段。幼儿表现出小组游戏，由单个人玩发展为一群人一起玩。总之，他认为，幼儿游戏是种族行为的复演。

复演论明显让人充满想象，似乎有其独到之处，但也遭到了各种批评。比如，认为该理论缺乏证据支持，并且不能解释骑自行车、开汽车等现代行为。

五、成熟说

这一理论的代表人物是荷兰生物学家、心理学家博伊千介克（F·Buytendijk）（又译作"拜敦代克"）。其主要观点是：人有潜在的内部力量，而心理的发展就是在这种潜在的内部力量的驱使下完成的，游戏不需要做准备、不需要练习也能发展起来。游戏不是练习，而是一种欲望的表现。引起游戏的欲望有三种：求解放的欲望、与周围环境一致的欲望、重复运用习得的欲望。因为年幼才有游戏，而不是因为游戏才有童年。

六、生长说

美国学者阿普利登（Appleton）提出，游戏是幼儿能力发展的一种模式，游戏是生长的结果，也是机体练习技能的一种生长性手段。另一位美国学者奇尔摩（Gilmore）也认为，游戏源于练习生长的内驱力，幼儿通过游戏而生长。这与"成熟说"相近。

可以看出，这些早期游戏理论主要研究游戏产生的原因，即幼儿因何游戏、为何游戏。它们都或多或少地存在一些缺陷或不足，有的理论只是种假说。Ellis（1973）把它们称为"空想理论"，因为它们较注重哲学思辨，不太注重实验结果。这六种经典游戏理论可组合成三组：(1)精力过剩说与松弛消遣说，将游戏视为是精力调节的一种手段；(2)复演说与预演说，用本能来解释游戏；(3)成熟说和生长说，将游戏与生理发育联系起来。有趣的一点是,前两对游戏理论每种理论对于游戏如何影响精力或本能持相反的解说(解释)态度。有关这些理论更详细的讨论可参见 Ellis(1973)的著作《人为何游戏》。

第二节 现代游戏理论

现代游戏理论主要产生于20世纪初,第一次世界大战以后,包括精神分析学派和20世纪中叶的认知发展学派、苏联社会文化历史学派以及20世纪80年代兴起的觉醒理论和元交际理论等等,现代游戏理论不仅仅解释游戏为什么而存在,而且也尝试定义游戏在幼儿发展中的角色,以及在某些情况下指出游戏行为的前导条件,主要揭示了幼儿游戏的内容和游戏行为。

一、精神分析学派的游戏理论(又称发泄论或补偿说)

以奥地利心理学家弗洛伊德(S·Freud,1856~1939)为代表的精神分析学派认为,一切生物都具有一些与生俱来的原始冲动和欲望,而人的原始冲动和欲望在现代现实社会中受到压抑,这种压抑如果找不到一条出路便会导致精神分裂,游戏便是排解内在心理矛盾和冲突的途径之一,因为游戏远离现实,是一个完全受控于自己的自由天地。这一理论又称发泄论或补偿说。

弗洛伊德关于人的发展经历五个发展时期理论:口唇期(0~1岁),肛门期(1~3岁),性器期(3~7岁),潜伏期(7~12岁),生殖期(12~18岁)。

弗洛伊德并未系统地论证过幼儿的游戏,而只是在论述心理学的基本观点时,附带地涉及游戏问题。他认为,游戏能帮助幼儿发展自我力量,通过游戏,幼儿可以解决"本我"和"超我"之间的矛盾。

(一)弗洛伊德的游戏观点

弗洛伊德的人格理论奠定了他游戏说的基础。他把本能欲望看成是人格构成中的最低境界,称为本我;社会规范则是人格构成中的最高境界,称为超我;协调本我和超我之间的矛盾冲突而获得的现实性人格则是自我。弗洛伊德认为,游戏是受"快乐原则"支配的,表现为游戏能满足幼儿的愿望,它是满足的源泉。游戏的这种调节机制具体表现在两个方面:

1. 游戏能实现现实中不能实现的愿望

幼儿的愿望就是快快长成大人,做成人所能做的事情,崇拜——扮演,这种愿望只有在游戏中才能实现。在幼儿园里我们经常会看到,幼儿在游戏中模仿成人的活动,"开医院",当医生;"过家家",当爸爸妈妈;"开汽车",当司机等,正是这种愿望的反映。幼儿通过游戏模仿成人的活动,扮演成人的角色,使幼儿想当成人、想做成人的事的愿望得到满足。他们认为,游戏能为幼儿提供一个安全环境,能使幼儿从现实的强制和约束中解放出来,补偿现实生活中不能满足的欲望。

2. 游戏能控制现实中的创伤性事件

幼儿在游戏中不总是和愉快的体验联系在一起,有时在游戏中重复那种不愉快的体验,不愉快的体验也往往成为游戏的主题。例如,在父母合作办的幼儿园里,4岁的杰姆听完一个录音带上的故事,他要妈妈放另一盘,他只听了一会儿,就说:"我不想听这个了,想听另一盘。"他妈妈回答说:"你必须听完这盘,才能听另一盘。"这时杰姆跳了起来,扔掉耳机,走向泥土桌,抓起黏土,脸上带着怒容,他用力压、用力按、滚,一会儿滚成了一个细长圆柱形和几个小球,嘴里说着:"这是妈妈的早餐。"突然,他把所有的黏土放在一起,用力按、压,说:"它们都坏了。"并咯咯地笑了。不停地压黏土,不停地笑着。在操作黏土的过程中,杰姆似乎能控制情绪,没有成人的限制,压、滚黏土似乎消除了紧张、不愉快的体验,逐渐从游戏中得到快乐。再如,在游戏中幼儿把成人打他的仇恨发泄在娃娃身上,他给娃娃打针是为了克服他自己打针时的紧张等等。弗洛伊德称这种现象为"强迫重复"(repetition compulsion),是一种"转向报复"。

这两条原则是游戏的两种调节机制,幼儿就是通过游戏这一安全的场所回避现实的约束,排解现实的压力,补偿现实的遗憾,在游戏和现实的不断转换中,使心理处于一种平衡的状态,并在这个过程中,自我不断地完善起来。并且,即便游戏已经结束,但是游戏的原动力却继续存在于以后这些现实活动的无意识的动机中。在弗洛伊德看来,幼儿游戏和成人游戏其表现形式虽然不同,但其趋乐的本质是一致的。幼儿游戏的对立面是现实,即以是不是"真实的"来辨别游戏;成人游戏的对立面是工作,即以是不是"严肃的"来辨别游戏。

对于弗洛伊德的理论,我们分析、辨别,有其一定的道理,但却是一种绝对欲望的框架,有很大的偏激性。

精神分析学派理论在一定程度上可应用于游戏治疗。观察幼儿在游戏中的行为及所用玩具,从中考虑其潜在的体验,目的在于使幼儿的潜意识经验变成有意识的,从而能自我控制或抛弃某种心理,达到心理治疗的效果。比如,沙箱疗法。再比如,幼儿看到一名工人从20英尺的高处掉下来,严重受伤,进行现场急救后被救护车送走。最初,许多幼儿因这件事受到了惊吓,产生了心理上的困扰。接着他们被多次安排参与类似意外事件(摔倒、死亡或受伤、救护、医院)的戏剧性游戏。几周后,这类游戏举例的次数减少了,但幼儿也不再被这类事件困扰了。

精神分析学派的代表人物有弗洛伊德、帕勒、蒙尼格、艾里克森、安娜·弗洛伊德等人。其中,通过考察游戏对正常人格发展的贡献,艾里克森Erikson(1950)扩展了游戏的精神分析理论。根据Erikson的观点,游戏发展所经历的阶段反映了幼儿心理发展的各个阶段。通过游戏,幼儿可以创设模拟的情景,进而帮助自己处理现实中的要求。

(二)帕勒和蒙尼格的游戏观点

帕勒的角色动机说:帕勒是侧重于从角色扮演这一角度来扩展弗洛伊德的游戏理论的。蒙尼格的宣泄说:蒙尼格则强调了游戏对发泄内在冲动和减轻焦虑的益处。他认为,游戏的价值就在于能发泄被抑制的侵犯性冲动。费奇贝克和班图拉通过实验进行了验证。

(三)艾里克森的游戏观点

1.游戏是一种自我的机能

艾里克森把自我看成是积极的因素,他认为,社会文化和心理性欲阶段都是导致个体发展的重要因素,就如同一条皮带上转动着的两个齿轮,其动力共同导致自我发展,这种自我的发展就是恰当的心理性欲和社会文化阶段的建立,亦即社会因素和生物因素的成功结合,游戏就是其中的润滑剂。

2. 游戏调节了发展的阶段冲突

游戏的这种自我机能，就体现在艾里克森为人格发展确定的八个发展阶段上，每一阶段都有一对发展的主要矛盾，在童年期的几个阶段上，主要通过游戏来解决这些矛盾冲突，并控制矛盾所导致的伤害。

3. 游戏中有性别差异

生物因素和社会文化因素共同作用于男女儿童的性别差异，并使之在游戏中表现出来。

（四）游戏治疗理论

（1）分析性游戏治疗。安娜·弗洛伊德和克林最早将游戏引进幼儿情绪困扰的治疗。她们都相信，游戏是一个能让幼儿最自在地表达自己的方法，游戏可以取代语言式的自由联想，游戏提供了通往潜意识的途径。她们的差异在于：克林十分强调在游戏中揭示潜意识，方法是解释幼儿游戏的象征意义。安娜强调游戏帮助幼儿与治疗者之间建立正向情感联结，以便进入幼儿世界。

（2）发泄性游戏治疗。这是一种针对经历特定情绪压力的幼儿而发展起来的一种方法，通过选定玩具重新创造激起幼儿焦虑反应的经验，达到释放能量纠正行为的目的。

（3）主动性治疗和被动性治疗。

（4）关系性游戏治疗。这个方法主要强调治疗者与幼儿之间情感关系的治疗力量。

（5）非指导性游戏治疗。这一方法认为，人有自我指导能力，任何人没有能力改变别人，人是由源自他自己内心的力量所改变的。

（6）行为取向治疗。这是一种由行为主义理念发展出来的行为矫正的方法。这一方法认为，行为是由环境塑造的，行为的后果对行为本身又有强化的效果。强化分为正强化和负强化。行为结果的强化是否有效在于：强化方式必须适宜；行为与结果的时间差很重要；当行为产生多种结果时，则先出现的结果产生强化效果。

二、角色模仿的游戏理论

由心理学家萨立（Sully）于20世纪初提出的该理论认为，幼儿游戏的实质在于执行某个角色，获得某种新的地位感。在萨立看来，幼儿最初对游戏产生的兴趣，明显地表露出幼儿内心的幻想，那是一些十分诱人的内心幻想，它们深深埋于幼儿心中，并成为游戏的动力源泉。幼儿通过扮演现实生活中某个角色，以"实现"其愿望。萨立还提出游戏的结构，包括：角色、游戏行为、游戏材料或玩具，以及游戏者之间的角色关系等。在角色与活动的关系上，萨立认为幼儿自己扮演的角色，是连接其他方面的中心，一切其他方面都决定于角色及与之相联系的行动，游戏进行过程中幼儿之间的关系，也取决于角色。

三、皮亚杰关于认知发展的游戏理论（认知动力理论）

认知发展游戏理论其代表人物是瑞士儿童心理学家皮亚杰。在西方现代幼儿游戏理论中，皮亚杰关于游戏的表述可谓独树一帜，他把游戏与认知发展联系起来考虑，将游戏纳入认知心理学范畴，可以说皮亚杰的游戏理论与认知发展理论有着密切的关系，是他的认知发展理论的组成部分。皮亚杰认为，游戏不是一种独立意义的活动，而是认知水平的表现形式，因此促使幼儿游戏的动力基础在于智慧的发展。

瑞士心理学家皮亚杰(Jean Piaget)是20世纪研究幼儿认知能力阶段性发展的主要代表。在皮亚杰看来,游戏是幼儿认识客体的主要方法,也是巩固已有概念和技能的方法,还是使思维和行动相协调、平衡配合的方法。皮亚杰把智慧看做是生物适应的延伸,即认为智慧也是适应环境的一种手段,这种适应是在同化和顺应的动态平衡中实现的。

什么是同化?同化就是把外界元素整合于一个正在形成或已经形成的结构中。什么是顺应?顺应是同化性的格式或结构受到它所同化的元素的影响而发生的改变。适应就是同化和顺应的平衡。任何认识活动都离不开认知结构的同化、顺应作用,认知的发展就是认知结构不断地顺应于外物,外物又不断地同化于认知结构的对立统一的结果。同化和顺应在幼儿活动中的不同比例,就决定了幼儿活动的不同形式。当同化大于顺应时,所产生的活动具有游戏活动的特征。当同化小于顺应时,所产生的活动具有模仿活动的特征。当同化与顺应平衡时,所产生的活动具有智力活动的特征。也就是说,在游戏中,幼儿并不是发展新的认知结构,而是努力使自己的经验适合于先前主客体相互作用中形成的结构。幼儿通过游戏补充、巩固着幼儿生活活动达到的水平,而幼儿游戏的形式是由幼儿现实认知发展的阶段性决定的。其认知理论如下表:

皮亚杰的认知心理学理论

大致年龄	认知阶段
0～2岁	感觉运动阶段
2～7岁	前运算阶段
7～11岁	具体运算阶段
11岁以上	抽象运算阶段

皮亚杰根据幼儿智力发展的不同水平,把游戏划分为相继发展的三个阶段:

(1)实践性游戏(练习性游戏)(0～2岁)

(2)象征性游戏(2～7岁)

(3)规则性游戏(7～11岁)

皮亚杰不仅用认知发展的术语来解释幼儿的游戏,而且认为幼儿认知发展的阶段决定幼儿在任何特定时期的游戏方式,三个阶段都有其对应的游戏内容,从而获得机能性快乐。如下表所示:

皮亚杰的游戏理论

大致年龄	认知阶段	主要游戏类型
0～2岁	感觉运动阶段	练习性游戏
2～7岁	前运算阶段	象征性游戏
7～11岁	具体运算阶段	规则性游戏

在阐述游戏活动的机制时,是皮亚杰首先看到了游戏与幼儿认知发展的关系,然而,他在表达游戏的发展功能时,看到的却是游戏与幼儿情感发展的关系。在这一点上,他与精神分析学派的游戏理论极其相似。

皮亚杰的观点认为,游戏有两个主要作用:一是愉快,或纯粹的乐趣,婴幼儿经常长时间地使用一种玩具游戏,或者带着深深的满足把石头扔到坑里或水里,比如,打水漂;二是游戏提供的适应作用,幼儿经常游戏,最后能使行为适应其真实世界的要求。可见,游戏是幼儿的自我表达,他是用自己创造的符号系统去同化现实。

这样看来,皮亚杰强调的是游戏的情感发展价值,并不注重游戏的智力发展价值。尽管这一观点有些偏颇,但我们仍然可以从中受益:游戏与认知活动是协调的而不是对立的,游戏与学习是相辅相成的而不是相互排斥的。在学习中获得的知识和技能(适应),在游戏中得到练习和巩固,前者改变了认知结构,后者将改变了的认知结构得以巩固,为新的学习奠定基础。因此,不能说皮亚杰的游戏发展价值排斥了对智力发展的积极效应。可见,皮亚杰的理论贡献是巨大的。

四、行为主义的游戏理论观

以美国心理学家桑戴克(Thorndike)为代表的行为主义理论认为:幼儿的游戏是一种学习行为,受社会文化和教育要求的影响,也受学习的效果律(反应的满意效果加强联系,不满意效果则削弱联系)和练习律(反应重复的次数愈多,联系愈牢固)的影响。该理论从游戏的功能着眼,认为与环境相互作用,持续进行信息加工是人类的正常需要。但外部刺激的数量要适当,如果刺激过少,会使内部想象增多,增加学习的努力代价;如果刺激过多,会增加努力的分散程度,也会减少与环境的有效联结。因此,刺激量的适当是很关键的。游戏作为一种激励探索的手段,可以探寻和调节外部和内部刺激的数量,以产生一个最佳的平衡,从而获得更多的心理满足。

五、社会活动的游戏理论(前苏联游戏理论)

前苏联的一些心理学家关于游戏研究的理论学说形成了"社会文化历史学派"。他们主要从马克思主义的活动论观点来解释游戏。专家们认为幼儿的游戏与动物的游戏有着极大的区别,幼儿游戏的产生并非本能,而是在后天实践中形成的,从而坚决反对西方的游戏生物学理论和游戏本能论。他们认为幼儿游戏的机制与高级心理机能相关,因此,游戏的提倡既具有反映论意义,又具有社会实践意义,并能促进社会和个体的发展。

比如,维果斯基认为幼儿看到周围成人活动,并在游戏中模仿这些活动,因此,幼儿游戏反映了成人世界的实践活动。他明显强调了幼儿游戏的社会性,认为幼儿在真实的实践情况之外,通过游戏创造了一种想象的情境,从而掌握基本的社会关系。并且,游戏行动再造了某种生活现象,成为一种"社会性实践"。

另一位心理学家鲁宾斯坦(创立鲁宾斯坦学派)则认为,游戏是一种经过思考的活动,是幼儿对周围现实态度的一种表现。他提出游戏是解决幼儿日益增长的新需要和幼儿本身的有限能力之间矛盾的一种活动。

前苏联心理学家、教育家艾里康宁认为,游戏作为幼儿活动的一种组织形式,是由于幼儿的地位在社会发展的一定阶段上发生了变化而出现的。他从游戏的社会起源出发提出:当社会产生了各种各样的手工业,有了复杂的工具,有了幼儿不能直接参加的生产劳动时,幼儿在游戏这种特殊活动中,模仿成人的劳动,满足了自己的需要以及与成人共同生活的愿望。而成人社会考虑到幼儿的教育任务和年龄特征,也开始推广游戏,生产玩具,制定规则,并把规则一代代传递下去,慢慢地产生了用游戏表现现实的种种方法。

前苏联著名心理学家彼得罗夫斯基提出,幼儿是游戏的创造者。幼儿的游戏是生命活动与机能性快感相联系的一种形式,是幼儿表现其积极性的一种形式。在游戏中,幼儿的形象、动作和语言及其相互联系,反映着周围生活,包括人们的行为、活动和相互关系。

他强调了幼儿在游戏中的主动性。

总之,前苏联活动游戏理论的基本思想包括以下几点。

(一)游戏是一种社会反映性活动

游戏的主题、游戏的内容,都不是凭空想出来的,也不是幼儿主观臆造的,更不是幼儿头脑里固有的,而是对周围现实生活的反映。

前苏联游戏理论认为,不论是游戏的社会起源,还是游戏的个体发生,均由社会存在决定,所以,游戏是一种幼儿受到在其中生活与教育的社会存在所制约的活动。比如,纵观游戏的历史,我们会发现,幼儿游戏的主题没有太大的变化,但其内容是具体地反映他们的生活的,是随着每一代新人和具体发展的社会的每一新阶段而不断更新着的,幼儿所玩的,就是成人在社会的该阶段中所最关心的事情。而幼儿在游戏中反映社会现实生活并不是原封不动地再现,不是简单地、机械地、被动地反映,而是通过想象,积极地、能动地、再造地反映。幼儿凭着自己的生活经验,借助想象,运用游戏材料和玩具,用新的动作方式,创造性地反映现实生活。正如艾尔康宁指出:"人类游戏是在直接的真实活动的条件之外,再造人与人之间的社会关系的活动。"如幼儿"开医院"游戏、"娃娃家"游戏、"开商店"游戏都是幼儿通过模仿和想象,以物代物、以人代人,在遐想的情景中创造地反映现实生活。

(二)游戏是一种有目的、有计划的活动

伟大的教育家乌申斯基指出:"游戏就是活动,这种活动的性质是自觉地、有意识的、有目的的。"福禄培尔认为:"游戏是人而不是动物的活动。"这就是说,游戏是人的活动,人是有意识的,有语言的,有计划的。人类有了语言,人类的活动就具有了意识性和目的性。

人是社会的人,具有社会性。幼儿出生后,就生活在丰富多彩的现实社会中,他们在与成人交往的过程中认识了许多事物,学到了许多知识,积累了许多经验。幼儿为满足自己生理和心理方面的需要,他们把在现实生活中获得的知识、经验和印象,通过语言和行为在游戏中反映出来。在游戏中幼儿积极地构思,选择游戏内容,确定游戏主题、角色,发展游戏情节,实现自己的目的和愿望。

有人把幼儿游戏与小动物嬉耍等同起来,这显然是不对的。幼儿游戏活动和小动物嬉耍有着本质的区别:幼儿是社会的人,他们有思想、有意识,他们不仅能积极地认识世界,而且能积极地反映世界。幼儿的游戏是对社会的反映,是一种社会性的活动。而动物则不同,动物对外界刺激的反映是纯粹的生物性反映。小动物玩耍、抓咬等动作,都是一种本能反应,这些动作是单调的、简单地重复。动物只能消极地适应环境,只有人才能通过社会性活动积极地影响环境和改造环境。正如恩格斯所说:"人类社会和动物世界的本质区别在于,动物最多只是采集,而人类则能生产,仅仅由于这个唯一的然而是主要的区别,就不可能把动物世界的规律简单地搬到人类社会去。"同样,不能把幼儿游戏活动同小动物的玩耍同等并列起来。

正因为前苏联的教育家们把幼儿游戏看成是一种有目的的社会活动,所以前苏联学前教育学将游戏的目的与教育的目的一致起来,赋予幼儿游戏以社会目的性,认为社会形成和推动游戏的目的是教育和培养幼儿参加未来的劳动生活。

(三)游戏是学前儿童的主导活动

游戏符合幼儿生理和心理发展的需要和发展水平,是适应幼儿内部需要而进行的。

幼儿期正处在身体迅速发展时期,他们的体力日趋增强,他们的思维能力、想象能力有了一定的发展,他们的语言交往能力和活动能力增强了,他们对周围的事物感兴趣,对活动感兴趣,在游戏活动中表现得积极主动,表现出他们的能力和实现自己的愿望,从成功和创造中获得愉快。正如心理学家柳布林斯卡娅所说:"正是这种把以前获得的印象组合成新的创造物的可能性,正是这种对自身力量的考虑,是游戏使幼儿产生巨大愉快的源泉。"游戏能满足幼儿的需要,能给幼儿带来极大的快乐和满足。因此,游戏是幼儿主动的、自愿的、积极的、愉快的活动。

幼儿的内在需要和外部需要之间的矛盾能在游戏活动中得到表现和解决,从而推动幼儿心理的发展,则游戏被认为是幼儿的主导活动。

(四)游戏是一种需要成人指导的活动

苏联教育家克鲁普斯卡娅指出:"游戏对于他们是学习,游戏对于他们是劳动,游戏对于他们是重要的教育形式。"也就是说,游戏纳入了教育的范畴,幼儿在与成人的互动中,从小就在成人的指导下一步一步地学习游戏。特别是一些角色游戏,更能培养幼儿的社会适应性,如果没有成人的指导,将流于自由教育,而使游戏失去它的有益影响。

因此,对各年龄的幼儿游戏,从内容到形式,从动作到语言一步步地开展,在幼儿园的教育大纲中,将游戏并列于作业,与作业一样,有每个阶段的任务及所需达到的目标。

我们说,游戏要有成人的指导,要注意这个指导的"度"。并不是要求成人去安排、去导演,而是在成人的引导下,使幼儿的游戏有益于幼儿,对他们有教育意义。

1. 维果斯基的游戏理论

(1)游戏形成于符号的间接作用。人与动物的最大区别在于人有高级心理机能,即心理活动的随意性和概括性。维果斯基认为,高级心理机能的产生是由于实践活动中工具的使用,从低级心理机能向高级心理机能的发展,是以工具为中介而实现的。维果斯基的研究,就是要论证实践活动是如何达到符号表示的,亦即个体与环境的关系是如何从直接达到间接的。

(2)游戏创造了幼儿的最近发展区。幼儿心理机能不断由低级向高级发展,符号的间接作用的不断抽象化,似乎是以一种小步递进的自我促进机制展开的,用维果斯基的术语就是,游戏创造了幼儿的最近发展区。

(3)游戏规则是幼儿的自我限制。在维果斯基那里,幼儿创造游戏的想象性情景,并不是源于认知的要素,而是源于社会性情感的压力。在游戏中,幼儿把自己的愿望和一个想象中的自己联系起来,即把自己所扮演的角色和该角色在现实生活中的行为规则联系起来,心甘情愿地服从于来自现实生活的规则,并放弃直接的冲动。

2. 列昂节夫的游戏观点

(1)游戏发生于幼儿心理发展的矛盾。列昂节夫认为,幼儿随着年龄的增长,他们所面临的实物世界将越来越广阔,幼儿的心理发展就表现为对这个广阔的实物世界的认识和掌握。幼儿的认识首先是以行动的方式显示出来的,通过用手操作物体的行动表现出来,列昂节夫称之为及物行动。

婴儿期的幼儿表现出一对特殊矛盾,即一方面是幼儿的动作发展日益复杂,意味着及物行动的需求强烈起来;一方面它所面临的仅仅是满足基本生活需要的过程。到了幼儿期,幼儿的及物活动的需求更加强烈,以至于他们已经想做成人们正在做的事,又限于自身的能力不能实现这样的行动,那就只能在想象的活动形式中解决。

(2)游戏的特点

首先,游戏行为的动机在活动过程,不在于活动结果,比如幼儿玩积木,不在于要建成什么,而是用各种方法去摆弄积木的过程;

其次,游戏过程的操作与行动,对于幼儿来说总是真实的行动,永远不是伪造的、幻想的;

再次,游戏行为永远是概括的行为,幼儿在游戏中不扮演、不表现某个当事人的特殊事件,而是表现那些典型的、一般的事件。

3. 艾里康宁的游戏观点

(1)游戏的起源

从角色游戏的社会起源来看,艾里康宁认为,游戏是人类历史发展到一定阶段上的产物,这是由于社会生产力的发展,导致幼儿在社会生产劳动中的地位发生变化的缘故。从角色游戏的个体起源来看,艾里康宁认为,游戏是个体发展到一定阶段的产物,这是由于幼儿与成人之间关系的改变而导致的结果。

(2)游戏的发展阶段

第一阶段:掌握物品的习惯用法。第二阶段:最初动作的概括化。第三阶段:进一步的动作概括化。

前苏联幼儿游戏理论的最大意义在于,他们强调了游戏的教育价值,揭示了游戏与教育的联系:一方面强调了幼儿游戏行为是由成人交给幼儿的,这就将游戏作为一种教育的内容;另一方面通过教幼儿游戏,塑造了幼儿正确的社会性行为,游戏又实现了教育的目的。

除上述理论外,心理学家贝特森(Batesom)的"元交际理论",从研究人类元交际(即本原的交往)的角度认为:作为一种元交际,游戏是通向人类文化和表征世界的途径和必需的技能,是组成人类文化的现实与基础。而心理学家伯莱因(Berlyne)、埃利斯(Ellis)、亨特(Hutt)、费恩(Fein)提出的"游戏的觉醒理论",则将人们在不在游戏、需不需要游戏、适合不适合游戏这些根本性的问题,归结于人们处不处于"最佳觉醒状态"。这一理论也称之为"游戏激活理论"。这两种20世纪80年代兴起的理论,涉及很深奥的概念,只此提及。深奥的游戏理论更见于康德、围特根斯坦、胡伊青加、海德格尔、伽达默尔、贡布里希等众多欧美大哲。

六、游戏的激活理论

(一)理论基础——内驱力说

内驱力是有机体的需要状态,其功能在于激起行为。与生理需求相联系的驱力引发的行为,只是一种为了获得外部奖赏的手段性反应,因而是一种外部动机性行为;与生理需要无关的活动内驱力,则只是一种自身的奖赏,是满足自身活动的需要,因而是一种内在动机性行为。

从生理上,中枢神经系统需要适当的刺激,使它保持在一个最佳的激活水平上,如果外部刺激水平过高或过低,就会引起中枢神经系统的激活状态失衡,那么有机体就会采取不同的行为,通过内部平衡机制,使失衡的激活状态恢复到一个最佳水平。

(二)激活理论的各种观点

1. 伯莱因的观点

游戏的作用在于增强刺激,降低激活水平,当刺激活动水平达到最佳,游戏就停止了,只有当刺激重又减弱,激活水平再次提高时,它才又开始。外界刺激水平过强或过弱都将引起中枢神经系统处于最佳水平之上的激活度。

2. 埃利斯的观点

在埃利斯看来,刺激存在,中枢神经系统的激活水平提高;刺激消失,激活水平便降低。游戏的功能就在于产生刺激,提高激活水平,使之趋向最佳水平。

3. 赫特的观点

在赫特的模式中,环境刺激是不断地从过多向过少循环着的,有机体的行为是为了使激活水平避免一个极端与另一个极端相对的情况,并沿着这个途径暂时地经过中等水平,游戏就产生在这个中等水平上。

4. 费恩的观点

费恩认为,在游戏中,有机体本身也能引起一种新奇事件,从而引起不确定性并伴随着一种机体的紧张感。

七、游戏的元交际理论

(一)元交际特征

1. 交际和元交际

"元交际"是一种抽象的"交际",是处于交际过程中的双方真正的交际意图或所传递的信息的"意义"的辨识与理解。"元交际"是"交际"的"交际",是一种抽象的或意义含蓄的交际。"元交际"能力是一种非常重要的社会性交往能力,它是一种就"内隐的交际"所传达的信息进行意义沟通的能力。

2. 元交际与言语交际

"元交际"是人类言语交际的基础。"元交际"能力是理解讽刺、反话、幽默、笑话的基础。幼儿往往缺乏这种能力,因而往往不能理解说话者的真实意图。

【案例】 一个小饭馆的伙计给客人端面条,碗里的汤装得很满。小伙计黑黑的指甲浸在了面条汤里。客人看到了很不高兴,说:"你看,你的指甲都泡在了汤里!"小伙计一笑,回答说,"不要紧,我不怕烫"。

3. 元交际与游戏

贝特森发现,游戏中的交际是一种充满着隐含意义的元交际。元交际的顺利与否依赖交际双方对于隐含意义的敏感性,这种理解隐含意义的敏感性,又取决于交际双方熟悉了解的程度和知识背景的相似程度。

【案例】 一个幼儿在雪地上抓了一把雪,揉成一团,出其不意地向另一个幼儿掷去;然后停下来,笑着,等待着对方的回应。被雪块掷中的幼儿吃了一惊,刚要恼怒,但看到同伴的表情,似乎明白了什么。随即把书包一扔,也笑嘻嘻地抓起一团雪,向对方扔去。于是,两个幼儿玩起了打雪仗的游戏。

从个体发生的角度来看,幼儿的"元交际"能力是在成人的影响下,在与成人相互作用的社会性游戏过程中形成并发展起来的。"元交际"能力最早萌发于母婴游戏中。

(二)研究元交际特征的意义

1. 游戏的元交际理论为追溯意识的种族演化史提供了依据

在交际的进化过程中,先有元交际,后有语言交际,元交际是人类语言交际的基础,游戏是元交际的来源,因此意识就在游戏中产生。

2. 游戏是通向人类文化和表征世界的途径和必需的技能

首先,在一般的人际交往中,人们常常在某些特别的场合需要通过一个眼神,一个动作,一种特殊的表情向交际的对象表达某些不便直接表达的意思。

其次,在特殊的文化交流中,元交际特征也比比皆是。

再者,我们的语言表征系统更具有一个类似于元交际的结构特征。

3. 游戏的元交际特征对幼儿意味着什么

幼儿在游戏时,他们是同时在两个层面上进行操作的:一是游戏中的意义,二是真实生活中的意义。

各派游戏理论,从不同的立场和角度分别论述了游戏的性质和游戏的功能,可以区分出三条主要的路线:一条是偏重认知的路线,以皮亚杰理论为主导,强调认知的发展与游戏的关系;一条是偏重情感的路线,以精神分析理论为先驱,强调了情感的成熟与游戏的关系;一条是偏重社会性本质的路线,以前苏联活动理论为核心,强调社会的实践与游戏的关系。

近20年左右,当代中国幼儿心理学、教育学界,也接通了20世纪三四十年代,以著名教育家陈鹤琴为代表的一代先驱在学前游戏教育领域的元气。而对游戏的研究更多体现出与欧美学术快速接近的趋势。分布在大学和科研院所各学科的学者专家,以及教育一线的幼儿教师,从人类学、哲学、美学、文化学、教育学、心理学、医学、社会学、文学艺术(包括工艺)等诸多学科领域,发掘着游戏和游戏教育的宝藏,出现了一批在深广度上值得珍视的学术论著。

上述互有差别的游戏本质观,与其说存在着根本的冲突,不如说是互相补充的对游戏丰富性的认识——事物的本质具有根本的稳定性,但它未必是唯一的,往往与研究的切入点深刻关联。游戏的本质并非只有一个,而完全可以有多个。

第三节 游戏的本质特征

荷兰著名文化史学家、语言学家胡伊青加(Johan Huizinga,又作赫伊津哈)在其开创性的名著《游戏的人》(已有两种中译本)中,从社会文化史的多个层面,对游戏进行了深入研究。他基于游戏的主要特征,将游戏定义为:游戏是一种在固定时间和地点限制内的自愿活动或消遣,遵循自由接受但绝对应该遵守的规则;游戏本身具有一定的目标,同时伴随着紧张、喜悦的感觉和"不同于平常生活"的意识。他提醒我们要对游戏的特征进行辩证地分析。

一、对游戏特征的几种解释

(一)从行为意向的角度来解释游戏

从行为意向的角度来解释游戏,是根据活动的动机、活动对目标的定向、对外界的物理刺激的反应方式以及规则等,提出假设,从非游戏行为中辨别游戏,这样就总结出游戏的主要特征:

1. 游戏不同于外在目的性行为

游戏是一种有目的、有意识的内在动机行为,它不受原始驱动力和社会要求以及外部诱因刺激的控制,它使机体与环境达到最佳水平的平衡。

2. 游戏不同于结果性行为

游戏的发生和结束,对于幼儿来说,他们在乎的不是游戏的最终结果,而是随游戏者自己的意愿而不断变换方式的过程。游戏是摆脱了用手段——目的的形式来考虑问题的束缚,考虑的只是手段,是一种重过程、轻结果的活动。幼儿们不管最终是否实现了预定的结果,而只在乎游戏过程中是否得到了快乐。

3. 游戏不同于手段性行为

我们说游戏只是考虑手段而不重结果,这里提到"手段",但游戏又不同于手段性行为。

我们知道,手段性行为是按物体的意义或实际用途来使用工具的,但是在游戏中,游戏者不是按物体本来的意义使用它的,因为游戏行为并不是类似现实活动的真实表现。可见,物体的通常用途在游戏中被免除了,通过把物体看成好像是其他东西,从而探索其新的潜在的意义。比如,我们曾经提到过的"以物代物"。

4. 游戏不同于探索性行为

探索是发生在对事物不熟悉或不理解的情况下的,探索行为有助于减少对事物的疑惑。相反,游戏是发生在对事物熟悉的情况下的,有助于引起一种特别的兴奋作用,使机体维持一种最佳的兴奋水平。游戏是受有机体自身控制的。

5. 游戏不同于真实生活的规则性行为

大多数游戏是没有外在约束的意愿活动,即使是有规则的游戏,如角色游戏、益智游戏,这种规则也是内在的,是被游戏者理解和接受的,并且是受主体的愿望、理解状况而影响的。

6. 游戏不同于闲荡

游戏要求游戏者积极地、主动地参与活动,是有目的的,有别于无目的的闲荡。

这是在与非游戏活动的比较中概括出的 6 个特征。还有一些专家认为,可以用行为分类的方法来描述不同类型的游戏。同时,不同的行为标准有不同的分类。

(二)从外显行为类型的角度解释游戏

通过幼儿在游戏中的表现进行评价。这种解释游戏的方法,是有一定现实意义的。

首先,在这种分析水平上,很容易把行为看成观察的标准,使游戏的解释更加客观、实际;其次,对各类游戏行为分别作出解释,也许在证明游戏的特殊性方面更令人信服,不会出现顾此失彼的尴尬,因为解释不是针对一类行为总称的游戏,而是对总称之下的某一类行为作出了限定的;第三,认识到游戏能以不同的标准来分门别类地进行证明,那么,通过各种形式的调查而产生的观点,就有助于系统地、综合地理解理论阐述;最后,这些各不相同的证明,即对各类游戏的分类证明,将给模糊不清的游戏的发展价值以专门的含义。

（三）从诱导行为的环境角度解释游戏

持这一观点的学者认为,行为是在一定的环境中产生的,不同的环境因素会导致不同的行为,其中部分可能是游戏。

根据研究,能激起幼儿游戏行为的环境大约包括这样一些因素:①一批熟悉的同伴、玩具或其他可能引起幼儿兴趣的材料;②成人和幼儿之间的协调。只要被研究者所允许的,幼儿无论在什么范围里,无论想干什么,他们都可以自由选择上述大量东西;③成人的行为是最低限度地参与和指导游戏;④友好的气氛使幼儿感到舒畅和安全;⑤把会使幼儿疲劳、愤怒、生病或产生其他身体压力的可能性排除;⑥环境必须符合文化习俗。环境对幼儿游戏的兴趣、情绪、认知等各个方面都有很大影响。

二、对游戏特征的辩证分析

提到游戏,我们往往认为它是愉快的、自由的、假装的、形象的、重过程而轻结果的。初看起来,感觉确实如此,但是,游戏也有矛盾冲突,也具有严肃性（如下棋）。这样看来,我们要总体去分析、概括游戏的特征。

我们认为,对于游戏特征的分析,我们应该从一些关系的辩证中提取出来,包括这样几对矛盾:

（一）愉快与严肃

很显然,幼儿在尽情的嬉戏中获得了快乐,那么,游戏对于幼儿来说有如下体验:

1. 游戏是愉快的活动

从很多案例中,我们不难理解这一观点。比如,我们可以看到日常生活中的亲子游戏:

满3个月的宝宝会发出咯咯的笑声了（个体差异,有的早些,有的晚些）,这表明,宝宝的心智已经发展到一定的成熟度,在这个阶段,各种丰富的感情会源源不断地出现。宝宝能快乐地体验生活中的每一个经验,他的发展会更好。宝宝所接受的愉快刺激,是大脑和神经健康发育的重要营养。因此,妈妈保持愉快的情绪,快乐地参与宝宝的游戏和学习比任何事情都重要。这个时期,要多和宝宝面对面地说话、逗笑,用宝宝喜欢的东西去逗引他,训练他伸手抓物,并让宝宝锻炼,将其身体扶起,锻炼他的肌肉,使脖子更稳固。这是3个月时的亲子游戏忠告。更大一些幼儿的游戏,成人也能体验到游戏带给他们的快乐,而这种体验会更具有实践意义。纯粹的成人的游戏,其快乐意义就不必多说了。

游戏的愉悦特征是在与严肃的工作所作的比较中揭示的。在游戏中,幼儿感受的主要是积极的情感,从这种心理体验中,区别出了游戏与非游戏。因而,无论是幼儿还是成人,都喜欢游戏。

2. 游戏不是非严肃的活动

我们说,游戏不单纯是简单的玩耍、嬉闹,游戏中有着丰富的知识与探索,有时,游戏与严肃性之间的对立常常是模糊不清的。有的游戏是益智的,严肃性高些;有的游戏是野趣,严肃性虽低,但却也蕴含着丰富的地理、历史等学科知识。比如,游黄山,我们常说,"五岳归来不看山,黄山归来不看岳"。这说明,黄山艳丽的美景是独到的,在游历如此美景时,我们的心情是美的。游不单纯是玩,我们还会了解到"奇松、怪石、云海、温泉"的由来,这就涉及天文、历史、地理、地质等许多学科知识,具有一定的严肃性、知识性。所以我们说,游戏不是非严肃的活动。

3.游戏是伴随愉快体验的严肃表现

这是一种融知识的严肃性于玩的愉快体验之中的活动,不能只看形式,还要分析内容。

(二)手段与目的

1.游戏无外部强加的目的

幼儿在游戏中关注的是活动过程,而对于活动结果似乎不很理会,这就是我们前面提过的"内在动机"理论。游戏作为一种活动,没有外在目的,只有内在的动力,让幼儿畅游于整个活动中,而不受到外部强制。任何游戏之外的目的,都是成人或教师附加的,当幼儿为达到游戏之外的某种目的而进行活动时,游戏就成了一种教育教学手段,不再是游戏本身了。

2.游戏是有目的的实践活动

这一点与前面的观点并不矛盾。我们说,幼儿对所进行的游戏,总是有一定的设想,有一定的意图。对幼儿本人来说,对于自己所进行的游戏,是有自己的一些想法的。幼儿每一个具体的游戏行为都是有目的、有结果的,是一种手段——目的性行为。伴随着语言的产生,幼儿的年龄越大,这种手段——目的性行为越明显。

虽然最终的结果不一定是预先设想的,但是幼儿在游戏开始之前必须先设计好想要去实现的目的,说明这种活动具有一定的目的性。

3.游戏是手段重于目的的活动

我们说,对于一个整体的游戏来说,它是没有外在强加的目的的,而对于每一个具体的游戏行为来说,游戏是通过一定的手段以达到某一特定的目的的。对于幼儿来说,他们之所以进行游戏,是想让自己玩得开心。他们变换多种不同的形式、不同的手段去玩,而对游戏的结果不重视,因而,游戏除了过程重于结果外,手段也重于目的。

(三)自由与约束

童年的时光让每一个成人留恋。如果一个人总是处在童年期,每天无忧无虑、无烦无恼,那该多好!每天自由地在天地间享受大自然的纯美,那是一幅幅恒美的图画。游戏带给我们快乐,我们的游戏是自由的!

1.游戏是自由的

幼儿幕天席地,想做什么游戏就做什么游戏。我们说,游戏是自由的,但这种自由是有一定限度的,有一定范围约束的,一旦失去了这个条框,那人也就无异于动物了,这种条框便是赋予游戏以规范、规则,幼儿游戏要受规则约束。

2.游戏是受规则约束的

在游戏中,幼儿总是学习把自己的愿望与游戏的角色及角色的规则、游戏的材料及材料的特点联系起来,因而,游戏活动是受这些内因与外因所约束的。小时候,我们做的每一个游戏都有它的规则,而这些规则的执行必须是游戏者每个人都自愿的、大家共同遵守的。例如,摸瞎,摸者必须遮盖双眼、摸行,而被摸的所有人都应在摸者的"停"令下达后不动双脚,一起玩的人不能耍赖。

3. 游戏规则的遵守是自愿的

游戏规则是游戏者共同协商产生的,是大家都接受和同意的,并且是能够理解的,更是公正互惠的。所以,游戏的规则对游戏者来说,不具有外在强迫性,是游戏者在理解的基础上自愿接受的、自觉遵守的,是一种内部的自我限制。参加游戏的人,谁也不会把规则当成一种内部负担,都会在规则的限定范围内快乐地游戏,而不会因为有游戏规则而失掉愉快的体验。

总体来说,游戏本身是一种自由的活动,这种自由体现为游戏时幼儿自主地活动,包括自觉自愿地接受游戏规则的约束,在一定限度的自由空间开展、丰富自己的游戏,使游戏活动不是一种完全散漫的活动。

(四)假想与现实

1. 游戏是假想的活动

幼儿进行的游戏,有很多情况都是人为假想的,比如,以物代物的现象,用泥当"饭"、用板凳当"汽车"、用娃娃当"baby"等,都是幼儿幻想出来的。有人说,游戏是现实的暂时中断,是真实自我的消失,暂时接受一个想象中的自我,使幼儿沉湎于假想之中。

假想的情景把游戏从其他活动中区分开来,但是,正如许多文学家的作品一样,游戏的假想,总是受现实约束的。

2. 游戏活动从属于现实

游戏中任何一种假想的情景,都是幼儿对真实生活的模拟,游戏的主题来源于幼儿生活的范围,游戏的情节源自幼儿生活的经历,没有见闻过的情节是不会出现的。也就是说,幼儿的生活经历越丰富,他们的游戏内容就越丰富、逼真。因而,我们说,游戏是现实的自由后继的活动,是现实的反映活动,它源于现实又从属于现实,正如理论与实践的关系一样。游戏不但源于现实、从属于现实,对于现实又具有反作用。

3. 游戏用假想改造了现实

我们说,假如没有想象,人类就不会发展进步得如此迅速,进入如此文明的社会。每一件东西的人为的发明创造,都源自人们的假想,如果没有假想,人类将困步不前。

现实生活中,游戏是对现实概括地反映。幼儿根据自己的兴趣、自己的理解、自己的体验和自己的意愿进行概括,所反映的是他们最感兴趣的、最能理解的、体验最深的人和事,通过想象将现实改造成符合他们意愿的假想的情景,从而使现实与假想统一在一个象征的关系里。比如,开商店游戏,制作小秤、称量野菜,反映现实生活,却不是完全的现实生活。再接着玩"过家家"的游戏,使游戏的内容更加丰富。在其中能找到现实的影子,却是现实的概括。

(五)练习与探索

当幼儿通过自己的经历、见闻,有了一定的生活经验之后,才开始相应的游戏。

1. 游戏是已有知识技能的练习

游戏总是幼儿运用自己已有的知识技能,通过操作所熟悉的材料而展开的。将一切成为已知的过程是探索,在一切成为已知的基础上开展活动便是游戏。探索和游戏的水平是相互影响的,二者相互促进。

2.游戏水平在探索中提高

游戏中,幼儿往往不满足于已经习得的动作、知识和物品的用途,他们在运用已有知识经验表现自己的同时,又在不断地创造着未知。这样,幼儿在不断探索新知识的同时,又提高了游戏水平,如此循环,不断提高探索水平和游戏水平。但是,这种循环是在一定范围内进行的,即幼儿所能达到的水平。

3.游戏是在力所能及的范围里探索的

正如维果茨基指出的,"游戏创造了幼儿最近发展区","最近发展区"就意味着幼儿在力所能及的范围里,在已有知识经验的基础上所进行的探索,比如幼儿玩表的游戏。最初是想办法把真表戴在手臂上,后来是画表,再后来可能把真表拆开,看其内部结构。

(六)活动与幻想

1.游戏要求活动者积极参与

这是幼儿游戏的鲜明特征,呈现出积极的活动状态。前面我们也提到,游戏里充满了幼儿的假想、幻想,而且充斥在游戏的全过程中。

2.幻想状态是内化了的游戏

随着幼儿年龄的逐渐增长,幼儿外显的游戏行为会逐步内化为幼儿幻想,从而用一种思想在游戏。比如,日常生活中,会有这种情况:有的个别幼儿看到别的幼儿在游戏,他会津津有味地看,他将自己投射到别人的游戏中,想象如果是自己将如何去游戏,从而在其中获得快乐。

至此,我们从六个维度上分析了游戏的特征。六对特征的矛盾性在幼儿的游戏中得到了统一,这是游戏活动复杂性和不可思议性的体现,值得我们去深思。那么,对于游戏本身的特征,我们可以再总体概括为以下几个具体特征。

三、幼儿游戏的具体特征

(一)游戏是内在需要的自愿活动

"自愿"与动机产生的机制相关。动机分为内部动机和外部动机。游戏是一种自愿的行动,也即游戏的动机,是内部动机,是游戏者内在的一种需要。环境激发和他人的要求对于游戏者投入游戏不起主导作用。电子游戏玩家的废寝忘食、乐此不疲,主要是由内心自发的快感冲动驱使的。

(二)游戏是"日常生活"的表征

游戏活动是社会生活的一部分。游戏的内容、种类和玩法,受到社会的、地理的、文化的、习俗的影响。所有的游戏都在某种意义上表征着社会生活,但游戏本身却不是日常生活。即便对"游戏即生活"的幼儿来说,游戏仍然是其"象征性的生活",而非其"日常生活"本身。例如,筷子、牙刷等也会被幼儿当玩具玩,但即使是"就餐游戏"、"刷牙游戏"也不是日常生活中的吃饭、刷牙,而是一种概括的、假装的游戏。

游戏的虚拟性或非真实性在幼儿的游戏中尤为明显。真正的游戏也是在幼儿能够将真实的情景当成想象的情景时产生的。同时,幼儿以物代物、以人代人的象征性思维能力也是在游戏中逐步提高的。

(三)游戏富有选设性的自足乐趣

提到游戏,我们自然将其与"好玩"、"有趣"相联系。的确,乐趣是游戏必备的性质,也是游戏的元功能。但是，仅仅从乐趣看，很多创造性活动都有乐趣，例如艺术。但艺术的乐趣在非创造(作)者那里是非自足的，因为艺术的价值离不开欣赏。游戏的乐趣自足于游戏者，即使旁观者不感觉到有乐趣，游戏者也不在乎外部评价，仍然自得其乐。

游戏都有玩法。作为活动方案的游戏一旦编创出来，玩法便决定了趣味的特定性。"娃娃家"的角色游戏和"拼图"的结构游戏，都可以使用同样的积木材料，但玩法不同使得同样的积木有着不同的趣味。同一个游戏方案也会被某些人接受并肯定，而另一些人则可能感到趣味寡淡。可见，具体的游戏其趣味性有特定的适应范围。设计与选择游戏方案，必须充分考虑趣味性的有效范围。游戏乐趣能否真实出现，要看游戏活动中游戏者种种智力因素、非智力因素的调动情况和游戏者之间如何合作。

（四）游戏是有规则的活动

游戏规则是游戏者在游戏中的行为顺序和被允许或被禁止的各种行为的规定。可以将游戏规则分为显规则和潜规则（也可以称为隐规则）两种。显规则是游戏所明确规定的、游戏者需要有意识地、自觉地遵守的规则，主要是关于游戏方法的规定。游戏的潜规则是约定俗成的、不必说明的规则，以参加者的技能、经验和合作意识为基础的。没有这个基础则无潜规则。一般认为，婴幼儿的"自然游戏"是无规则的游戏，它其实是相对于显规则而言的。通常意义上的"规则游戏"是相对于显规则而言的。

第四章

当代游戏教育及其模式探索

当代一批有思想、有使命感的心理、教育领域的学者、专家和幼教工作者,业已认识到,必须大力实行游戏教育,为"素质教育"开发出源头活水。从已有的实践可以看到,之前的重视游戏的努力集中在两个方面:幼儿学习游戏化和幼儿游戏课程化。显然,这是两种出发点不同、实质相融的"相向而行"的努力。

幼儿学习游戏化是指幼儿园将幼儿日常学习活动都纳入到游戏之中,将幼儿的学习和游戏交融,综合运用教学游戏与幼儿自然游戏的形式,促进幼儿全面和谐发展。这种模式突出以游戏为基本活动,除了保证幼儿的自由游戏活动外,还把游戏活动的要素渗入到学习活动之中,依循游戏活动的实质来组织幼儿各类学习活动,使其游戏化。尽管有的仅仅是借用游戏的形式,但真正的努力则是充分注意游戏在幼儿学习活动中的真实结合与运用,让幼儿作为学习和发展的主体,在幼儿园各项活动中生动活泼、积极主动地学习、成长。

幼儿游戏课程化是指幼儿以游戏为基本活动,教师以游戏为主要教育手段,充分体现了游戏对幼儿早期发展的影响。其主要特点是课程统整化、教材生活化、教学活动化。毫无例外,实施的主要途径都是游戏,通过教师与学生互动,引导幼儿自主发展,并赋予幼儿人性化的教育环境,以温暖、接纳、信任、鼓励的态度提供安全、支持的气氛。这种教育模式的理论基础是潜课程理论。这种理论认为在幼儿园教育活动中,存在着大量的潜在课程和潜在学习,它们于不经意时、不经意处诱发和引导幼儿积极地潜在学习,使幼儿在幼儿园里能够真正做到自觉、自愿、积极、愉快地接受潜移默化的教育。而游戏作为一种最典型的潜课程,几乎能够满足幼儿所有潜在学习的需要与特点。

还可以将相关努力概括为两类:一是将相对稳定的活动内容模式化,也就是相应地建构成相对稳定的游戏模式,这是保证和提高游戏教育质量的规范化努力;二是将因时因地而异的内容和手段风格化。所谓风格化就是每个园的师生都有独到的创造。这种风格化的游戏活动见于欢度儿童节、教师节、母亲节,给新生班布置游戏化环境,春游、秋游中的联欢,温情的生日祝贺等。

目前,为学前游戏教育做出贡献的高校,以北京师范大学、南京师范大学和它们的实验基地园为重镇。在一些脑科、精神病科、康复等医疗机构中,训练疏导性游戏教育也得到了运用。而新兴起的民间商业性幼教机构,都无一例外地运用了感统训练的游戏教育。

第一节　幼儿学习游戏化的探索

上海静安区幼儿园在近 20 年的探索与实践中,针对幼儿游戏开展了一系列深入的改革与课题研究,摸索、总结出一套行之有效的做法。许政涛主编的《幼儿园游戏与玩具》(北京师范大学出版社,2004 年版)和上海市静安区南阳路幼儿园编写的《幼儿学习游戏化的探索》对这些问题曾有具体的探讨和研究。大致可分为以下几种:

一、日常生活中的自由游戏

自由游戏的特点是开放、松散。教师在教室、走廊创设许多以物为媒体的游戏,游戏的内容是多方面的,游戏的难易是多层次的,游戏的材料是多种类的,游戏的玩法是多变的,游戏的时间是随意的(可在来园、饭后、间歇等时间),游戏占据的空间是多方位的(有桌面、地面、墙面等)。幼儿参加游戏的方式按个人意愿进行,以个别活动为主。幼儿在游戏中的学习活动以自发兴趣为导向,通过摆弄、操作等方式来进行。自由游戏着眼于幼儿在游戏中的体验,幼儿按照自己的意愿自由选择、自主游戏。教师则观察、了解每个幼儿的发展水平与学习特点,以此为任务定向游戏、集体游戏提供游戏设计的依据。在此种游戏活动中,幼儿的游戏性最强,教师对游戏过程的干预最少。

二、活动室的任务定向游戏

活动室的任务定向游戏具有半封闭、低结构的活动特点。在教师创设的游戏环境中,封闭性和开放性并存。在游戏设计上,教师按照幼儿每一阶段的学习,有顺序、有内在联系地安排游戏材料,并给予幼儿专门的时间与空间(非正式活动室),让幼儿获得某方面的感性经验。相对于自由游戏而言,任务定向游戏环境中的学习要求更外显一些,提供幼儿游戏的材料也更为集中一些,幼儿游戏时间相对固定。但在游戏过程中幼儿仍可自由地个别玩或结伴玩,仍可按照自己的发展水平和学习速度进行游戏,同时接受教师一定的启发、引导或点拨。

在任务定向游戏中,教师的主要任务是观察幼儿的游戏过程,了解幼儿的游戏结果,并调整游戏的内容,使游戏中的任务定向始终处于幼儿学习的"最近发展区"内。同时注重幼儿发展的个体差异,为发展较快或较迟缓的幼儿提供适宜的游戏内容,引导他们与同伴进行横向交流。

三、教师组织的集体游戏

教师组织的集体游戏具有全封闭和高结构的活动特点。教师事先设计的游戏目标指向明确,游戏设计周密,教师组织游戏的语言严谨,层次清楚。游戏以集体的方式(全班或分组)进行,游戏过程既受教师的影响,又受到同伴的影响,幼儿游戏的进程受教师事先设计的游戏方案制约。这类游戏的学习要求更为明确,但在设计与游戏组织的进程中,教师比较注重激发幼儿产生自愿、自发的动机与积极愉快的主观体验。教师的任务是让幼儿在游戏中愉快地学习、自主地发展。

教师组织的集体性游戏,相对于自由游戏、任务定向游戏而言,可以是前置性的,即对幼儿今后阶段的学习起引导、启迪作用;可以是过程性的,即对当前幼儿学习普遍需要解决的难题通过集体游戏得到解决;也可以是后置性的,即对幼儿一个时期的学习内容进行综合归类。

　　总之,自由游戏可以激发幼儿的活动兴趣,积累大量感性经验;任务定向游戏基本满足幼儿一般发展和个别发展的需要;教师组织的集体游戏帮助幼儿解决发展中的矛盾以及整理、归纳已有的经验。其中,前两种游戏被称为非正式学习活动形式,后一种被称为正式学习活动形式。这些游戏形成了幼儿良好的学习环境,使幼儿的学习和游戏在更大的范畴内、在更深的层次上得到前所未有的统一。同时,作为对"幼儿园以游戏为基本活动形式"的一种尝试,幼儿学习游戏化继承和发扬了传统教育宝库中的精华,又着力体现了现代社会的教育思想、教育观念,从而创造出了一种新思路、新模式。目前,幼儿学习游戏化的先进性和实践性已得到我国许多幼教专家的关注与肯定,它的可行性与可操作性也被广大第一线的教师所认同和接受。

第二节　幼儿游戏课程化的探索

　　北京市在发展和建立"游戏实验园"、开展"以游戏为基本活动"课程模式的研究和探索中,取得了丰硕的研究成果。他们关于"区域游戏与主题游戏的融合"就是一种把幼儿的学习融入到游戏之中的课程模式。[①]

一、区域游戏

　　课程把幼儿的区域游戏划分为六大类,分别是:建构类、美劳类、表演类、益智类、角色类和运动类。其中建构类游戏由大型建构、小型建构、沙水建构组成;美劳类游戏由绘画、手工制作、欣赏组成;表演类游戏由歌舞表演、古诗表演组成;益智类游戏由观察、操作、阅读、探索、规划游戏组成;角色类游戏由现实生活角色和幻想角色组成;运动类游戏由大中型体育设施、中小型器械、手持轻器械、自然物游戏组成。六大类游戏在课程中的作用主要是创设能够支持幼儿兴趣活动的物质环境,保证幼儿素质潜能的开发和个性的充分发展。教师有计划创设的区域游戏环境应包括幼儿园基本的教学任务,各区域游戏在目标上既各有侧重又有重合。

二、主题游戏

　　主题游戏是指教师根据幼儿的兴趣和发展需要灵活生成的活动。游戏的线索是幼儿随心所欲的发散性思维,其中也渗透了教师有意识地鼓励和帮助。课程把幼儿的主题游戏划分为四大类:自我认识、生存环境、生物世界和科学探索。主题游戏在培养幼儿学会主动学习方面起着突出作用。它能够启发幼儿探索的兴趣和养成合作研究的习惯,使每一个幼儿都能借助集体的力量,实现学习能力(包括认识能力、表达能力、表现能力)的自我超越。游戏的表现形式以小组学习为主,不同主题、不同内容参加的幼儿人数不等。

[①] 汪荃主编:《幼儿园游戏课程模式》,中国妇女出版社,2003年版

三、区域游戏与主题游戏的融合

幼儿的区域游戏和主题游戏是既有区别又有联系的。一般来说，幼儿在区域游戏中关注的是区域环境的探索和游戏内容的挖掘；在主题游戏中关注的是寻找兴趣点和研究、探索、表达、表现。由于这种划分不是由规则所限定的，而是由幼儿兴趣和游戏的需要自然形成的，因此，这两种游戏就经常互为融合。幼儿可能在某一游戏中发现兴趣点，生成主题并把游戏扩展到其他区域；也可能在主题游戏中形成分工，分散到各区域中去研究、探索、表达、表现，并转化为区域游戏的主要内容。正因为两种游戏具有相互联系、相互依存的特点，在教育实践中应努力使这两种游戏自然融合，达到1加1大于2的效果。

第三节 我国幼儿游戏研究的历史与现状

一、我国幼儿游戏研究的历史

我国幼儿游戏研究大体可以分为以下几个阶段：

第一阶段，从上世纪20年代左右到新中国成立初期，在介绍和引进西方游戏理论的基础上，我国开始了幼儿游戏的研究工作。主要代表人物是我国著名的幼儿教育家陈鹤琴先生。陈鹤琴先生对幼儿游戏理论与实践进行了研究，他在《儿童心理之研究》和《家庭教育》中都有专章论述游戏和玩具，对幼儿游戏的价值、游戏的学说、游戏的种类等作了理论阐述和实验研究。通过研究，他认为，幼儿之所以游戏，与两个方面的因素有关：一方面是与幼儿游戏的力量（体力）和能力（动作技能）的发展有关；另一方面，是与幼儿好动的天性和游戏能够给幼儿以快感有关，游戏给幼儿的快感包括生理的、心理的和社会交往上的。从幼儿身心发展角度考察幼儿游戏的原因与游戏的发展变化，是陈鹤琴先生关于幼儿游戏研究的核心思想。他主张"游戏性教育"，其研究为我国幼儿游戏理论研究奠定了基础。

第二阶段，从新中国成立初期至"文化大革命"前，在幼儿游戏研究中，主要是照搬苏联的游戏理论，对苏联的游戏理论生搬硬套，排斥欧美的游戏理论。在全面学习苏联游戏理论的过程中，没有注意形成具有我国特色的幼儿游戏理论体系。

第三阶段，从"文化大革命"开始至结束，幼儿游戏理论研究处于停滞状态。

第四阶段，从"文化大革命"结束后至今，随着我国全面进入社会主义建设新时期，科学技术迅猛发展，我国幼儿游戏研究工作开始了新的阶段，在学习外国游戏理论的同时，研究适合我国国情的幼儿游戏理论。

二、我国幼儿游戏研究目前存在的问题

目前，迫切需要解决的研究方面存在的问题有：

(1) 在介绍和引进外国游戏研究成果的同时，建设和形成具有中国特色的游戏理论体系。

(2) 在实验研究的基础上，建立我国幼儿游戏发生、发展的年龄模式。

(3) 探讨在托儿所、幼儿园引导和促进幼儿游戏的方法。

(4)把教育因素更好地与游戏形式融合在一起,真正体现学前教育寓教育于游戏之中的特色,避免学前教育小学化、成人化倾向。

近年来,通过深入的科学研究和教育实践,我们进一步明确了游戏是幼儿的基本活动,它能促进幼儿的全面发展,是幼儿园重要的教育手段。

三、当前幼儿园游戏开展中存在的问题及原因分析

目前,我国幼儿园开展游戏的状况并不尽如人意,游戏开展很难取得应有的促进幼儿全面发展的效果。归纳起来,主要有以下几种表现。

(一)提供的游戏类型或活动形式单调

目前幼儿园提供或开展得较多的是积塑拼插游戏,类型单一。据"北京市15所幼儿园玩具提供与利用"的调查表明,在种类分布上,结构类玩具占73.2%。游戏的开展远未达到多样化,没有发挥其多方面的教育功能。

(二)统一安排、硬性规定活动内容形式

幼儿园游戏并非幼儿的自主性活动,玩什么、怎样玩不是由幼儿自己做主的,而是由教师统一安排规定的。如玩某几样玩具、开展某种主题,常听教师这样向幼儿交代:"今天就玩娃娃家和餐厅。"或是逐一开展不同类型的游戏,如周一玩结构游戏,周三玩智力游戏,周五玩表演游戏等。

(三)指导方式程式化

教师往往习惯于以一定的程式指导游戏,如规定出几种主题和角色,帮助幼儿分配角色或指定角色,游戏中的角色需要按固定的方式行动,情节要按一定的套路发展。如餐厅的幼儿就是做饭,做出多种面食、点心等,做好的饭要有人来吃,于是教师就去引导其他幼儿如表演区的幼儿来吃饭;表演区不能只有演员表演,于是教师又要安排一些幼儿来当观众。游戏的主题、角色、情节几乎均由教师编导排练,注重热闹的场面、结果的圆满。游戏的开展并非依据幼儿自身的兴趣,幼儿不能自由地将知识经验反映到游戏中。

(四)游戏条件与环境创设不利

相当多的幼儿园所有玩具材料较少,有的幼儿园有一定数量与种类的玩具,但常常处于封闭状态,而一些玩具材料等物质基础较好的园所,游戏条件的创设仅限于提供多种材料、保证游戏时间,教师未能注意因地制宜地创设游戏活动条件并充分发挥物质条件的实际效用,也未能对游戏环境中多方面的因素加以全面合理地组织。

(五)未能注意观察了解幼儿的游戏行为,指导随意性大

教师由于未能注意观察幼儿的游戏行为,导致游戏的计划性不够,缺乏指导的目的意识。教师没有充分了解或理解具体教育对象的游戏水平与特点,就谈不上对幼儿行为给予有针对性的具体指导,因而游戏效果不甚了了。在这种情况下,游戏的开展也容易受到冲击。

以上几种状况比较普遍地存在。其主要原因在于教师的游戏观,即对游戏的认识、看法上存在着偏差。教师对于什么是游戏,幼儿游戏的特点如何,游戏的性质及其表现形式、范围等游戏的内涵与外延的理解仍然较肤浅,有表面化、简单化的倾向。要改变这种局面或状态,关键在于端正教育工作者的游戏观,清楚地认识幼儿游戏的特点,理解游戏的实质,进而按规律指导游戏,创造适宜条件,真正使游戏成为幼儿园的基本活动。

以上状况也表明,教师在对游戏的指导上缺乏必要的教育技术策略和方法手段,因而不知道究竟如何指导游戏。前面提到的调查发现,教师除去在游戏开始时分发玩具及结束时收放玩具两个环节略有指导外,在整个游戏过程中,17.3%的教师仅仅作为旁观者,对活动不加干预;而干涉或介入幼儿游戏的教师行为有三种:16%是出于维持纪律,27.2%不时巡视,仅有39.5%能够参与游戏,随时指导。另外,被动指导占绝大多数,为79%。可见,教师迫切需要一套理论向实践转换的、便于实际操作的指导游戏的方法手段,在转变观念的同时,提高教育技能,改进教育行为。

目前,在北京比较流行的就是自选游戏,它是一种人为创设的自然情境下的幼儿游戏。自选游戏一方面可以为幼儿自发自愿的活动提供条件,同时又可以渗透教育的目的、要求,它是由北京师范大学学前教育系与北京各幼儿园合作开展起来的。它的独特性在于:具有潜在教育影响,能发挥幼儿伙伴和群体的教育影响力,重视活动过程,注意主题的直接操作体验,帮助幼儿获取大量感性经验。

第五章

国外游戏发展简介

从古至今,从国内到国外,每个幼儿都喜欢游戏。游戏是幼儿的正当权利,对幼儿的发展有十分重要的作用,这已成为当今世界上众多国家的共识。了解和学习外国幼儿游戏的理论与实践,借鉴其有益经验,对于我们更好地为幼儿设计游戏活动和科学地指导游戏有着重要的意义。学习美国、日本等国家关于幼儿游戏教育方面的一些实践与经验,借鉴其科学合理的经验,能够帮助我们提高幼儿游戏设计的水平。

第一节 美国幼儿游戏与教育

美国幼儿教育把游戏放在十分重要的位置上,认为游戏对成人而言是一种消遣、娱乐或逃避繁杂事务的方法,对幼儿而言,游戏就是工作。美国幼儿在幼儿园的绝大部分时间是在教师创设的环境里进行游戏的。

一、美国人观念中的游戏的价值

美国人更重视实践能力的培养。对幼儿来说,游戏就是学习。当幼儿触摸新的物体时,他们虽然没有得到任何指导,但他们已获得了有关物体的知识和经验。游戏为幼儿提供了解社会和周围世界的机会。其价值在于:①它帮助幼儿认识和发展自己的身体(表现在生理和心理两个方面,其中,生理方面又表现为八大系统的完善),学会初步的知识和经验;②了解他人并与他人建立友好关系;③它帮助幼儿学习家庭角色,学习行为方式。从家庭角色、家庭地位角度来说,美国更注重女权、男女平等,经济独立;日本相反;中国"三足鼎立式(女权、男权、平衡)",这些都渗透到幼儿游戏中。

在早期教育课程中,游戏对幼儿进步和发展有重大意义。美国许多研究说明,幼儿游戏有利于发展幼儿各种心理功能,包括:①创造性思维;②解决问题的能力;③面对压力,解决困难的能力;④新的理解力;⑤使用工具的能力;⑥发展语言。

因为,游戏是幼儿感兴趣的活动,在游戏时,幼儿更长时间地把注意力集中在游戏任务上。教师利用游戏形式,可以激发幼儿探索的动机,使幼儿较长时间地保持注意力集中，从而发展幼儿的注意力。数学、科学、语言等基本技能都可以在幼儿使用各种材料的游戏中学习和获得。美术、音乐和身体运动教育都可以在游戏中进行，游戏可为幼儿提供自由探索、表现的机会。

二、美国不同年龄幼儿的游戏与教育

（一）婴儿（0～1岁）

1. 婴儿游戏的发展

婴儿的课程主要是不断增强他们对自身和环境的认识。婴儿最初的游戏是由动作构成的，并一遍一遍地重复。婴儿的这种游戏是功能性的，它既帮助婴儿发展反射，也帮助婴儿获得自我的感觉以及增加对环境的理解。婴儿的游戏与工作是交织在一起的，活动是多样化的，婴儿会用眼睛跟随一个物体，集中注意力看一个人，又把注意力从这个人身上移开，通过这种游戏，婴儿发展了控制自己注意的能力。

当婴儿移动身体碰到物体时，他会游戏式地探索物体，婴儿通过触摸、拉、扯甚至咬，探索保育者的身体；婴儿会躺在摇车里，从镜子里看自己的头、脚、眼睛、鼻子和嘴。婴儿会摇花铃棒，也练习自己发出声音。当他开始模仿他听到的声音时，成人要对他的模仿做出反应，并保持游戏式的相互交往。

婴儿与保育者之间的早期游戏是以后在角色游戏中建立社会交往关系的基础。在简单的游戏中，如"藏猫猫"，婴儿可以学习最初的平等交换、互相让步的交往，这是幼儿进行规则游戏的一个重要预备概念。

总之，功能游戏使婴儿获得了有关周围环境的知识，并开始了解自己的功能能力，为下一步的发展做好准备。

2. 成人的帮助与指导

对婴儿来说，最有魅力的游戏"玩具"可能就是照顾他的成人。保育者不仅要为婴儿提供基本的安全保障，满足婴儿的需要，而且要与婴儿一起游戏。

婴儿对成人的音调和面孔做出反应，这是最早的相互交往。当成人从婴儿那里得到一个微笑，社会交往就已经开始了。婴儿第一个微笑是在听到母亲的声音的时候出现的，后来对母亲的面孔和身体移动做出反应。成人要和婴儿一起游戏，给婴儿运用眼、手、耳的机会和与人交往的机会。传统的身体游戏，如"藏猫猫"、拍手游戏，都有利于促进婴儿眼手协调和社会交往的发展。

"找玩具"的游戏是十分有益的。当婴儿开始抓玩具时，把玩具放在婴儿附近，看他能否找到它；教婴儿认识花铃棒，然后鼓励婴儿把物体从一只手放到另一只手里，再后来，当婴儿变得更主动时，可把玩具系上绳，鼓励婴儿把玩具拉回来。其他的方式还有：

（1）把玩具藏在一块布或纸底下，鼓励婴儿去找；（2）在婴儿的身边、头上或身后摇小铃，让婴儿转头去找；（3）把一个东西扔在地上，发出声音，婴儿会去看物体在哪儿；（4）在盒子里放能发出声音的物体，让婴儿打开，看里面是什么；（5）让婴儿观察物体是如何放在一起的，使婴儿初步了解整体与部分的关系。可以进行分解、聚合的游戏：把积木一个一个放在盒子里，再一个一个拿出来；用积木搭成塔，然后再把它拆开；把各种盒子和器皿盖上盖子再打开；为婴儿穿衣服时，以游戏方法系上鞋带、再解开，穿上袜子、再把它脱下来等。

(二)蹒跚学步的幼儿(1~2岁)

1.蹒跚学步的幼儿游戏的发展

蹒跚学步的幼儿课程与婴儿一样,仍是游戏。2岁左右的幼儿游戏与学习是同步进行的。他们在学习新技能的同时,仍参与一些功能性的游戏。他们练习走、爬、跑等技能,随着运动技能的发展他们能搭积木、能把物体放进去又拿出来。蹒跚学步的1~2岁幼儿开始从功能游戏转向建构性游戏。在建构性游戏中,他们对物体及其用途进行广泛地探索,享受自己是创造者的快乐。他们在环境中运用物体进行建构,同时也建构着新的语言方式。幼儿在了解世界的同时,也奠定了他们学习数学、科学、社会和语言的基础。在这一阶段,角色游戏开始了,幼儿会像妈妈一样给娃娃或棉布动物一个象征性的、温柔的拥抱或爱抚。

2.教师的帮助与指导

蹒跚学步的1~2岁幼儿正发展着自主性,他们需要自己进行一些活动,然而他们也需要成人的帮助和指导。

当角色游戏开始时,2岁左右的幼儿能从与成人一起进行的游戏中受益。他们正开始学习表现自己,进行假装游戏,需要成人的帮助。例如,教师可以坐在娃娃家里,用玩具假装喝茶。当幼儿用动物玩具进行游戏时,成人可以发出动物的叫声,让幼儿确信这些动物是真的。

在允许2岁幼儿自己探索的同时,教师可以用一个问题、一个词或一个新玩具帮助幼儿扩大、加深探索和实验。例如,教师可以说出幼儿正做的事情,说出幼儿正玩的物体颜色、大小等,给玩积木的幼儿增加木制的动物玩具等。教师要注意给幼儿充足的自我发现的时间。

蹒跚学步的幼儿开始喜欢和其他幼儿一起游戏,游戏交往出现了。在这一时期,成人的任务就是要帮助他们发展社会交往的技能,教会幼儿用词去说明自己想要做什么,而不是用手去抓、去抢。

(三)学前幼儿(2~5岁)

1.学前幼儿游戏的发展

学前幼儿的基本活动仍是游戏。到这一时期,幼儿已经获得了许多运动技能,如走、跑、跳、爬、单腿跳、平衡等。学前幼儿经常对有结构的材料感兴趣,如智力玩具。随着幼儿建构性游戏的发展,他们游戏的内容更丰富,他们搭一座房子、农场和消防站;他们游戏的情节更丰富,能表现一种经历、一个事件或一种感情。这时的幼儿游戏处于游戏发展的第三阶段——象征性游戏。学前幼儿的社会性角色游戏不断复杂,在象征性游戏中,一个物体、一个动作、一个姿势都用来表现一种真实的情况,幼儿扮演一个角色,假装自己是另一个人。在角色游戏中,幼儿学习控制自己的愤怒、悲哀等情绪;在再现真实世界的同时,他们发展着想象力和创造力。在游戏中,学前幼儿不断从扮演角色中获得快乐,并了解他人的需要与愿望。在商量角色时,他们学习谦让、妥协以解决问题。

2.教师对游戏的指导

教师有多种方式支持学前幼儿进行游戏,最重要的是教师要给幼儿充足的游戏时间,提供丰富的游戏材料。教师可通过带幼儿参观,观察家里任何其他人的劳动、听故事、看电影等方式,丰富幼儿的生活经验。教师用以下方式,可促进幼儿角色游戏的发展:①作为一个参加者进入游戏。如果幼儿在游戏的情节发展上有困难,教师应立即进入幼儿游戏。在观察幼儿的游戏之后,决定与幼儿的交往方式。例如,"开饭店"的游戏,教师说:"我是顾客,谁来听我点菜?"这就丰富了幼儿的游戏。②作为观察者进入游戏。当幼儿游戏时,教师可给幼儿提供恰当的表达词语,或提问题,扩大幼儿的游戏范围,如问:"你要做什么?""你从哪儿拿来的咖啡?"提建议也是鼓励幼儿游戏的方法。③继续为幼儿提供玩具材料。教师要拿走幼儿不再用或不感兴趣的玩具,提供新的、具有挑战性的玩具。比如,教师在娃娃家增加打字机、笔、邮票和旧电话等,娃娃家游戏就扩大成办公室游戏了。

三、美国幼儿教师在幼儿游戏中的作用

在美国幼儿教育中,教师在幼儿游戏中起如下作用:

(一)观察者

在幼儿游戏时,教师要作一个观察者。通过观察,教师可以了解幼儿游戏的意义、幼儿所处的发展阶段和幼儿游戏的类型。仔细的观察使教师确定幼儿是否遇到困难,是否需要帮助,教师可以发现玩具材料是否适合幼儿的水平和能力。

(二)计划和组织者

教师要为幼儿准备游戏环境,教室的设置要有组织、没有太多的干扰,这样游戏才能自然进行。教师要考虑哪些玩具材料要拿走,该增加什么玩具,如何摆放能更吸引幼儿去游戏。教师要考虑游戏时间。有些游戏活动需要时间长些,有的活动需要时间短些。如果时间过长,幼儿会感到无聊,出现行为问题;如果时间过短会扫幼儿的兴致,不利于发挥游戏作用。

(三)管理者

教师在观察幼儿游戏时也是一个管理者。教师要组织幼儿,用点头、微笑支持幼儿的游戏。教师可以用语言提醒幼儿,例如,"把积木放这儿,好吗?"教师在组织管理幼儿游戏时,要考虑每个幼儿的个体需要。

(四)评价者

在观察和组织幼儿游戏的同时,教师不断地进行评价,评价包括幼儿社会性、智力、情绪和身体各个方面。

教师的评价可以包括以下问题:①在与其他人交往方面,幼儿表现出进步了吗?②在游戏中,幼儿是否以适当的方式表示出高兴、愤怒、害怕?③幼儿能更熟练地用剪子、铅笔和其他工具吗?④幼儿表现出知识增加了吗?⑤幼儿能有效地使用语言吗?⑥幼儿如何能解决问题?⑦幼儿游戏主题丰富吗?⑧害羞的幼儿找到了进入角色游戏的方法了吗?⑨有侵犯性的幼儿在游戏中合作了吗?⑩幼儿能长时间保持游戏情境吗?

教师要在评价幼儿游戏时,记录每个幼儿的成长和进步。

四、美国幼儿游戏实例

(一)圆形人头像

目的:按形状分类,认识颜色。

材料:一个直径9或10寸的白色圆盘,18张颜色卡片(各种形状)。

玩法:将卡片摊开,盘子放在卡片旁边,教师问幼儿:"你能找出一张像盘子这样的圆形卡片吗?""让我们用两张圆形卡片为圆形人头做两只眼睛,用一张圆形卡片做鼻子,用两张圆形卡片做嘴。"让幼儿将找出的卡片放在盘子里,用绿色或蓝色圆形卡片做眼睛,黄色圆形卡片做鼻子,用两张圆形卡片重叠着做嘴。将盘中的卡片取出,混合后再做。"你能做一个'圆形人头'吗?"幼儿做成后,将作鼻子的圆形卡片拿走,换上个三角形(可以是彩色的)。"现在它还是不是'圆形人头'了?"用两个正方形或三个正方形卡片替换圆形卡片做嘴,沿着盘子的边摆成一副笑的样子。"现在怎么样?可能是'混合人头'了吧?"

(二)方形人头像

类似(一),可用餐巾纸。(略)

(三)摸一摸

目的:用触摸的方法对看不见的物品进行分类(幼儿通过触摸、摆弄等活动探索周围的世界,用多种形式表现一种概念可使幼儿进步更快)。

材料:一只篮子或盒子,如鞋盒。一条毛巾或围巾。

下列各类物品每样一对(不考虑颜色):(1)球(各种幼儿能抓住的小球);(2)圆盖;(3)环形物;(4)装盐或胡椒面的小空瓶子。

玩法:在幼儿没看见的情况下,将一个小球放入盒内,并盖上毛巾。在桌子上摆出另一个球、一个瓶盖、一个环形物或胡椒面瓶,剩下三件东西放入抽屉内或放在幼儿看不见的地方。"我在这只盒子内藏一样东西,这个东西的形状和桌子上哪个东西相像?把你的手放在毛巾下去摸摸,和桌上的哪样东西形状相同?"让幼儿看看桌上的四样东西,但不要让他看毛巾盖着的盒子里的东西。用盖子、圆球、盐瓶子重复做,一定不让幼儿看放入盒子里的东西。

(四)摆阶梯

目的:按系列顺序排列物品。

材料:7根吸饮料的麦管。

玩法:(略)(各种顺序都可以尝试)。

(五)画球和盒子

目的:了解幼儿是否已经能从相反的方位观察物体。

材料:一个长方形盒子。一个大球或吹鼓了的气球、铅笔、纸。

玩法:将盒子和球并排放在桌子中心。教师和幼儿面对面坐在桌子两侧。教师发给幼儿一张纸,"你能画出摆在桌子上的东西吗?"不要评论他的画的质量。当他画完后,再给他一张纸。"现在再画一张盒子和球的画,这张画看上去要像是从我的这个方向画的。"(幼儿画时仍旧坐在自己的位子上)。比较两张画。我们不是检验幼儿的艺术才能,重要的是看他画的物品的位置。看看第二张画上的两样东西位置是不是颠倒了,如同一个人坐在位子对面画一样。

说明:大多数5岁幼儿画第二张画和第一张完全一样,两样东西都是从他自己的方向画的。

(六)上方和下方

目的:通过让幼儿分辨在某一事物上方或下方的东西,发展他们有关方位空间的概念。

玩法：

(1)教师说出一些事物的名称，分别让幼儿说说它们在我们的上方还是下方。教师可以说出一些自然界的事物：天空、大地、云彩、月亮、星星、小草……还可以说出一些眼前的事物：天花板、地板、窗外的鸟窝……

(2)让幼儿看图，用笔标出画面上在男孩上方的东西，再说出这些东西的名称。然后教师问：①男孩上方的这些东西有哪些可以在他的下方？怎样变化一下就可以在他的下方呢？②男孩下方的东西是不是也可以在他的上方？如果要让小花在他的上方，他应该怎么做？

(3)发给幼儿一张纸，让他们对折一下。在折印上方画一个现在正在自己上方的东西，再在折印下方画一个正在自己下方的东西。

(七)魔盒

类似(三)，只是包括的玩具更多。(略)

(八)鸡蛋的奥秘

目的：让幼儿了解鸡蛋在经过煮、炒等之后的变化。

材料：用鸡蛋做菜时所需的东西。

玩法：在烹调食物时，食物在形态、结构和味道上都会起变化。做鸡蛋菜时，把所发生的变化演示给幼儿看。

1.煮鸡蛋

煮两个鸡蛋。3分钟后拿出其中一个，告诉幼儿，这个鸡蛋只加热了很短的时间，不久就能看到它里面的情况。10分钟后拿出另一个鸡蛋，告诉幼儿这个鸡蛋加热了较长时间，不知里面是什么样子。先敲开拿出的那个鸡蛋，让幼儿把鸡蛋从蛋壳里剥出来，再让幼儿帮助教师把后拿出的鸡蛋剥皮。让幼儿尝尝两个鸡蛋，选择自己喜欢吃的鸡蛋。告诉幼儿鸡蛋煮的时间越长，里面的变化就越大。让幼儿说说两个鸡蛋的味道有什么不同。

2.水煮荷包蛋

让幼儿看一个生鸡蛋，教他们小心敲开蛋壳，让蛋黄和蛋白流入碗内。煮上一些水。告诉幼儿，当水越来越热时，将会发生些变化：出现气泡，水沸腾了，水沸腾时开始形成蒸气。这时应把火关小。然后，让幼儿小心把生鸡蛋倒入沸水中，观察水煮鸡蛋的情景以及沸水使生鸡蛋发生了什么变化。再让幼儿讲述他所观察到的变化。尝试鸡蛋之后，让幼儿谈谈水煮荷包蛋的味道如何。

3.炒鸡蛋

让幼儿小心地把一个生鸡蛋打入碗里。让幼儿学习用筷子打散鸡蛋，告诉幼儿打散的鸡蛋看起来像含有许多泡沫。可问幼儿："生鸡蛋打散后还有其他变化吗？你还能看到分开的蛋黄和蛋白吗？"在小平底锅中热油，让幼儿把打散的鸡蛋倒入锅内。教幼儿用锅铲翻炒鸡蛋，说："这样可以使鸡蛋不被烧焦。"问幼儿："炒熟的鸡蛋和生鸡蛋看起来有什么不同？"让幼儿品尝。帮助幼儿学习一些词汇，如"更硬了"、"更松了"、"更黄了"来描述鸡蛋在烹调中的变化。

(九)影子游戏(玩影子)

1.猜影子

选择一个好天气，让幼儿在户外自由活动，引导他们去发现影子：树、房子、自己和其他幼儿的影子。然后让他们互相猜影子:"举手的影子是谁呀?""谁的影子跳起舞来啦?""谁的影子跑起来了?"让幼儿注意到,随着自己身体的移动,影子也在移动,自己不动了,影子也不动了。这个游戏也可以在室内玩。选一个幼儿为猜影子的人,面对前面白色墙壁,在距离二三米的一个矮凳上坐好。在猜影者背后距离二三米处放一张小桌子,将一支蜡烛点燃放在桌子上(或用电灯泡)。游戏时,其他幼儿陆续在猜影者后面与桌子之间通过,可手舞足蹈,或走或跳,做各种动作,将身影映在墙上。猜影者要仔细辨别,准确判断某个影子是某个人的行动。被猜中的人与猜影者互换角色,游戏继续进行。

2. 踩影子

这个影子游戏可由三四个幼儿进行,有跑的、有追的。追的幼儿一旦踩上跑者的影子就算胜利。还可以全体幼儿一起进行"瞎子"踩影子的游戏:由一名幼儿用头巾蒙住双眼当"瞎子",其他幼儿悄悄在"瞎子"附近找个地方站好。"瞎子"脚用力着地,代表踩一次影子,要在三次内踩到一个幼儿的影子,否则罚演节目。在游戏中幼儿会发现,自己往哪里跑,自己的影子也往哪里跑,方向总是一致的。可是,一旦跑到背阴处,影子就不见了。

3. 画影子

让幼儿用粉笔将地上的各种影子勾画出来,过一段时间再去观察,影子的位置和长度同刚才不一样了。"这是怎么回事?"幼儿感到很惊讶。让幼儿再做一遍画影子的游戏,不强迫幼儿理解其中的科学道理,等他们长大了,就会明白了。

(十)设计"喜、怒、哀、惧"表情头像(略)

第二节　日本幼儿游戏与教育

在幼儿游戏教育方面,日本人从领导到平民百姓都极其重视。这一点值得我们学习。

一、日本社会变化对幼儿游戏的负面影响

日本是一个经济实力雄厚、高度信息化的社会。在经济和科学技术不断进步的同时,人们的生活方式和社会形态也发生着巨大的变化。社会的变化对幼儿教育不可避免地产生了深刻的影响,日本幼教专家分析,城市结构的变化对幼儿游戏的负面影响至少包括以下几个方面。

(一)城市幼儿人数日益减少,幼儿失去伙伴,变得孤独

越是经济发达的城市,高级白领越多,幼儿越少。高楼大厦林立,幼儿们缺少与同伴交往的机会。当人们开始认识到这一点时,就开始远离市中心,前面我们提到的美国也是越来越多的人在乡间住别墅。因为这样的环境只适合工作,不适合生活。当今日本城市结构变化的一个特点是人们远离市中心。1980年至1988年间,东京市中心三个区的人口减少48000人。结果市中心周围地区供幼儿游戏的许多场地不见了,而且幼儿身边的朋友也越来越少,幼儿被迫待在家里独自游戏,或者看电视。

(二)不断上涨的土地价格对幼儿公园和幼儿设施构成威胁

公园面积和自然环境在日本城市中越来越小,幼儿直接与大自然接触的机会也越来

越少。为解决这一个问题,日本的幼儿教育工作者创设了野外的幼儿游戏场地,如"儿童森林课堂"、"儿童游戏林",给幼儿提供同大自然直接接触的机会。

(三)城市高层建筑对幼儿有消极影响

由于土地价格不断上涨,城市向高空发展,造成幼儿游戏时间减少,幼儿从高层建筑中掉下来的危险增加,青少年犯罪也在增加。高耸入云的大楼也意味着幼儿园不再阳光灿烂。

在发达的现代日本社会,为幼儿创设游戏空间、提供游戏材料,使幼儿在游戏中健康成长,已成为全社会普遍关注的热点问题。

二、日本幼儿园理想的游戏活动

所谓理想的游戏活动,是指在日本被认为适合幼儿身心发展水平,符合幼儿的生活经验和幼儿园实际,通过这些活动可以达到幼儿园教育目标的活动。

(一)"逮人"游戏

1.教育意义

(1)满足幼儿天真活泼、爱活动的欲望,使幼儿体会到一种轻松愉快的感觉;(2)培养跑动能力,灵活性和判断力;(3)培养"距离感"和"速度感";(4)培养教师和幼儿间的亲密感情。

2.游戏方式的变化

(1)追逐"逮人":一名幼儿是追逐者,教师发出信号,大家一起跑散,追逐者开始追人。由于是一种简单的互相追赶,自由地来回跑动游戏,所以年龄小的幼儿也能高兴地玩起来。但是,这种游戏方法往往会因追者抓不着人,很难被替换下来,或者因为追者总是不来捉他,有的幼儿容易丧失兴趣。为此,开始设立某些限制,发展游戏方法,比如计时蹲着捉人、抓东西、增加追逐者的人数等。

(2)圈圈"逮人":这是逐渐缩小追逐者和逃跑者的行为范围的"逮人"游戏。其玩法是逃跑者在圈内,只能在圈内来回逃,追逐者不能入圈,只能围绕圈外捉人。圈不限于圆形的、带角的、葫芦形的等,各种形状都可以。这种圈圈"逮人"游戏的特点是可以适应幼儿的年龄和发展阶段变换游戏方式,达到娱乐的目的。这种游戏4岁的幼儿就可以进行。当然,能够有兴趣有效果地进行游戏还是5岁半左右的幼儿。

(3)夺阵地:让幼儿分成两组,保持相当距离,双方互设阵地,开战信号一发,一边防守自己的阵地,一边攻击对方的阵地。把对方离开阵地者抓住,带到自己的阵地上,看准对方空隙,夺取其阵地。最先夺得对方阵地的,而且抓住对方俘虏最多的为胜者。虽然已被对方俘虏,但是在敌人没注意时,由伙伴帮助逃回自己的阵地也是可以的。也有选大将当指挥的,那些在场者大多是商量时间和地点巧妙地把对方引诱过来,转移其注意力,捉住对方,并夺取其阵地。

3.指导上应注意的事项

(1)根据幼儿身心发展的情况和季节变化选择适当的"逮人"游戏;(2)考虑运动量,不要使幼儿过度疲劳;(3)注意选择追逐者,使游戏能愉快进行;(4)考虑场所和人数,不致出危险;(5)引导幼儿创造愉快的游戏方法。

(二)和谐的集体游戏

1.教育意义

(1)幼儿喜欢一起进行和谐游戏;(2)培养以小组形式进行和谐游戏的态度和能力;(3)培养遵守规则进行游戏的习惯。

2.游戏活动的形式

(1)摸瞎游戏:幼儿拉手成圈,圈内有一幼儿蒙上眼睛,拉圈幼儿边唱歌曲边走动,转动几圈后,一幼儿在圈内的幼儿身边学猫叫、狗叫或者发出其他声音,让圈内幼儿猜是谁,猜对了则相互替换。

(2)抢人游戏:分成两组的对抗性游戏。双方各从对方选出一名幼儿,让这两人决胜负,胜者将负者带回自己小组,哪方人多便是胜者。可以用猜拳(石头、剪子、布)、比力气等方法决胜负。方法可以常常变换,由胜利一方全组商量决定。这样,就使有趣的游戏逐渐深入地开展起来。

(3)拍手唱歌:两个人面对面、边唱歌、边拍手,和对方一起拍手。中间可加上合乎歌曲节奏的动作,也可加上猜拳等。幼儿自己商量唱什么歌,用什么打法,或者加什么表演动作等,就能比较愉快地游戏了。

3.指导上应注意的事项

(1)让幼儿自由、高兴地活动;(2)为了愉快游戏考虑好人数和场地;(3)改变游戏形式,让幼儿自由发挥、创造;(4)选择适合幼儿年龄和经验的恰当游戏。

(三)球类游戏

1.教育意义

(1)使幼儿有兴趣而愉快地游戏,熟悉球、喜欢球;(2)培养空间概念和节奏感;(3)培养灵活敏捷性,巧妙地协调动作;(4)安定幼儿情绪;(5)培养幼儿动脑筋进行各种尝试的态度和能力;(6)逐步培养数量、位置和方向的概念;(7)通过游戏培养幼儿之间同心协力的品质。

2.游戏活动

(1)以投球为主的游戏:有的是尽量向上或向前把球起投;有的是规定目标,把球投进去或者击中。两个人相互投球或接球,也可以做投篮游戏、投圈游戏等,还可以做一人投球击逃者、圆形投球击人、往红白圈投球等游戏。

(2)以滚动为主的游戏:将球尽量往远处滚,按一定的路线,照着一定目标滚动,将其击中或滚出去等。滚球的方法有单手滚动、双手滚动、向前、向后、向两边滚动等。比赛的游戏有滚动游戏、投篮游戏、投掷准确目标游戏及传球游戏等。

(3)以踢球为主的游戏:把球向一定的方向尽量远踢;向上向高处踢;一边踢球,一边跑动,跑到预定地点;还可以用球踢中一定的目标等。踢球的方法有用力猛踢、停球和对方对踢等。

(4)拍球为主的游戏:拍球游戏有各种方法。最普通、最容易的是用右手自由地拍球、一边拍球、一边唱歌,必须同歌曲的节奏合拍,这比自由地拍球难些;逐渐可以让幼儿双手交叉地拍球,每5下左右换手拍,用腿跨球拍,在连续拍球中将身体旋转一周后再继续拍。

(四)沙土游戏

1. 教育意义

(1)满足幼儿轻松愉快的游戏情趣;(2)培养自由和舒畅的表演能力;(3)养成和幼儿高兴地游戏,互相配合的习惯和态度;(4)培养动脑筋努力创造的精神;(5)使幼儿对数量和形状感兴趣。

2. 游戏活动

游戏中主要有揉沙子、造型、堆沙子、挖沙子等活动。其中,有单独进行的,也有合作进行的,还有创造性活动。

(五)滑梯和秋千

1. 教育意义

(1)满足幼儿的兴趣,体会运动的愉快;(2)促进各种感觉和运动能力的发展;(3)与幼儿协商,遵守游戏规则。

2. 活动情形

(1)滑梯:由于滑梯本身固定不动,所以它是一种事故较少的安全运动器械。而且游戏起来比较容易,动脑筋还能游戏得更愉快。起初,很多幼儿在登台阶时害怕,滑滑梯时犹豫,滑法不灵活。但是,逐渐习惯了以后,登上台阶也很得意,并且取合适倾斜度的自然姿势顺利地滑下来。可以把滑梯比作登山、滑雪等进行游戏。还可以在中途设个洞,做钻洞游戏。

(2)秋千:秋千是活动的运动器械,稍用一点儿力便可以摇动。幼儿荡秋千时,身体因势用力,使其摆动的幅度更大。由于容易出危险,所以有必要教导幼儿掌握正确的方法,遵守规则。

(六)积木

1. 教育意义

(1)培养幼儿丰富的想象力,满足幼儿的表现欲望;(2)体会构成立体物体的喜悦心情,培养表现能力;(3)培养具有创造性的造物能力,并能用所构造的物体进行游戏;(4)逐步培养幼儿对数量和图形的理解和认识;(5)培养认真做事、坚持到底的习惯和态度。

2. 活动的情形

幼儿把积木排列起来或者搭起来进行游戏,在游戏中灵活地运用积木,丰富自己的活动内容。

(1)往高处堆积:经常可以看到3岁和刚入园的幼儿喜欢直线往上堆,当积木失去平衡倒塌下来时,他们会发出欢快的笑声。

(2)平面排列:幼儿把积木一个个排列起来,把它们看做铁轨和道路,再把别的积木当交通工具,在铁轨或道路上行驶等,这是3~4岁幼儿初期常玩的游戏。而且,初期阶段经常能看到幼儿把平面排列的积木称之为自己的家、大门、洗澡间等。对5岁左右的幼儿,只要给予适当的启发,他们就能排列出各种几何图形,他们还能巧妙地组合许多平面和立体的形状。

(3)立体组合:幼儿把积木往长连接,向上堆积,感到高兴的同时,很快便能使用立方体、长方体、棱柱体等做一些简单图形。幼儿会按自己的想象搭出交通工具、建筑物、动物等物体。

(4)用所搭出的东西游戏:年幼儿童只是偶尔用搭成的东西游戏。4岁半以后,幼儿便能搭出游戏中使用的东西,并运用这些东西进行游戏。到 5 岁幼儿便能主动地富有想象地进行游戏了。

(七)模仿游戏

1.教育意义

(1)幼儿怀着浓厚的兴趣沉浸在模仿游戏中,满足了他们良好的愿望和表现的积极性,并能体会到表演的乐趣;(2)幼儿在个人和集体生活中,养成良好的为人处世习惯;(3)对简单的社会结构和人们的工作抱有兴趣。

2.活动的情形

(1)过家家游戏:可以是室内的也可以是室外的;(2)模仿交通工具的游戏:有的是小汽车,有的是大卡车,还有火车等,可加入警察的角色,让幼儿了解一些交通常识;(3)模仿商店的游戏。

(八)戏剧活动

1.教育意义

(1)给幼儿带来喜悦和满足感;(2)丰富想象力,培养表演才能;(3)养成个人生活和社会生活的良好习惯和态度;(4)幼儿小组游戏,养成善于与别人协作的习惯和态度。

2.活动状态

(1)不要追求情节,多做即兴表演;(2)幼儿把看到的故事的一部分以戏剧形式表演出来;(3)把听到的故事变成戏剧表演出来;(4)把创作的故事以戏剧形式表演出来。

三、日本幼儿游戏实例

(一)分类游戏

1.根据颜色分类:如"哪些水果是红色的?哪些是黄色的?"

2.根据种类分类:把食品分作两类,如水果和蔬菜等。

3.把交通工具分类:

$$\left\{\begin{array}{l}\text{空中交通工具}\\\text{海上交通工具}\\\text{陆地交通工具等}\end{array}\right.$$

(二)拍拍腿

目的:迅速区别左右。

用具:画片。

方法:(1)"拍拍右腿":轻拍 8 下右腿;(2)"拍拍左腿":轻拍 8 下左腿;(3)"右右左左":右腿拍 4 下,左腿拍 4 下;(4)"这次是哪边?":把两手交叉放在胸前,随着"右"、"左"的命令,马上拍到所说的那侧腿;(5)和着歌声一边前进,一边拍,按"左"、"右"的命令走向那个方向。

(三)蹦蹦跳跳

目的:区别前后左右。

用具:画圆圈用的白灰等。

方法:(1)用白灰画直径 30~40 厘米的圆圈;(2)每次一个人站在圆圈中心,按教师的信号,"前进一个"、"后退两个"地跳;(3)然后向"左"、"右"跳;(4)"前后左右"混合快跳;(5)改变方向跳,注意根据自己站立的方向变化前后左右跳。

规则:(1)跳错就换人;(2)大家数每人跳了多少次;(3)比比谁跳得最多,可记录。

(四)揪尾巴

目的:一一对应比较多少。

用具:红纸条、白纸条。

1. 相互揪尾巴

方法:(1)分成红、白两组;(2)把红、白纸条截成40～50厘米长,夹在幼儿裤子或裙子后面;(3)首先从红、白组各出一人,相互追着揪尾巴,给大家示范;(4)然后听信号,大家互相揪不同的尾巴。

2. 把揪下的尾巴排列起来

方法:(1)一个人揪到几条都行;(2)把揪下的尾巴按红、白一个一个对应比较,看哪组的多,被揪下尾巴多的一方算输。

(五)撕纸条

目的:理解长短,学会用手撕或剪子剪,做成纸条。

用具:报纸、广告纸、彩色纸、剪子。

1. 把纸撕成长条

方法:(1)每个幼儿用同样大的一张纸;(2)用手撕成尽量长的纸条;(3)能用拇指和食指撕纸;(4)用手拿起撕好的纸条,和大家比比谁的长;(5)全组比长。

2. 用剪子剪成长纸条(与上类似)

(六)跳皮筋(略)

(七)报纸游戏

1. 踩尾巴

用一根绳子把报纸系在腰上,当做尾巴。大家都在大圆圈里站好。比赛开始时,每个人都要小心躲避,千万别让别人踩到自己的尾巴。同时,还要设法去踩到别人的尾巴,看谁踩到的尾巴多。

2. 带纸跑步

将报纸截成16开大小,比赛者将纸放在膝盖上方,向前跑到指定位置。不能让报纸掉下来,也不许用手按纸,看谁先到终点。

3. 挺胸运纸

将报纸搓成一个小团,放在胸口上,身体稍向后倾,不要让纸团掉下来。信号发出,比赛者两臂张开,保持平衡,向指定目标走去。首先到达终点、纸团又没掉下去的人为胜。注意不许用下巴压着纸团。

4. 报纸载球

幼儿分4组,直行排好。每组事先准备好一张报纸和一个乒乓球,把乒乓球放在报纸上面。教师下令后,各组第一个人将载球的报纸拖往椅子处,再绕过椅子,顺原路返回,把报纸交给本组第二个人,依次进行接力。中途不要让球滚落到地上,如果滚落到地上,马上拾起来放好,继续向前拖。哪个组先完成为优胜。

5. 纸帽

每个人准备一小张报纸,先将报纸对折,折后把它张开,放在头上,当做帽子。比赛要在没有风的地方进行。大家带好纸帽,一齐向前走,以走得最好、而且不让帽子掉下来者为胜。

（八）表演游戏

高山是我们的课堂。

四月,春天的雪融化之后,儿童森林课堂迎来了它的新学生。这个课堂坐落在海拔1000米的高山上。过去七年里,日本的儿童森林课堂就设在这里。

课堂在山上一个规模不大的学前学校里。白天,30个3~6岁的幼儿在这里上课。幼儿们在此自由地玩耍,这块倾斜的土地已经被用来作为幼儿们在泥里玩耍、玩水和爬树的游乐场地。在这里幼儿们能够自由地从事造型艺术,诸如木刻、编织和绘画等。

幼儿们玩的所有玩具都是手工制作的,这里,手工制作很普遍,幼儿们玩起来就像他们第一次制作这些玩具一样兴奋。

春天,我们种花和庄稼,也种上稻谷。在种花和清扫花园中,幼儿们逐步接触到了许多昆虫,发现一些发芽的植物。他们种蔬菜、施肥料。当收割季节来临时,幼儿们每天都出去看庄稼。当他们播种稻谷时,你可以想象他们就好像在泥水里游戏一样快乐。庄稼种完后,幼儿们就爬山找野菜,然后自己烧菜自己吃。

夏季来临,玩水变得越来越流行。院子里到处都是幼儿挖掘的水道和水坑,当水和脏物正好流到这里时,他们就利用脚踩泥巴,用手揉,然后尽情享受温和的泥水浴。幼儿们一会儿把泥巴抹在身上,一会儿又往身上弄水,快乐极了。

高地的秋天来得早,蔬菜已经成熟了,幼儿们等待着收割。种的土豆、谷物、西红柿、荞麦、莴苣、胡萝卜、黄瓜、西瓜等都长出来了。稻谷一片金黄,幼儿们放了一个草人,让它看管稻田,直到收获季节来临。

到了10月,每年一度为家长举行的欢庆会开始了。幼儿们唱歌、跳舞、讲故事、讲自己的生活经验,请家长品尝自己种的蔬菜、水果。到这个时候,秋天变得五光十色。

稻谷收后不久,降了第一场雪,雪厚约有30厘米。幼儿们开始拿出小雪橇,整个被白雪覆盖的高地,对幼儿们来说就是滑雪场地,他们穿上雪鞋和滑雪板,滑下斜坡,又爬上来;他们沿着兔子和狐狸的足印去寻找;他们陷在雪地里,跌倒了又爬起来,玩的花样很多。滑雪、坐雪橇、在雪地里玩耍,即使在冬天,幼儿们也进行很长时间的户外活动。他们看起来就像南极探索者。

幼儿们在儿童森林学前学校中度过了几百天,每天都充满了发现和惊奇,但是节奏是舒展而又轻松的。

帮助幼儿发掘独立生活的潜能时,就要给他们尽可能多的同自然接触的机会。如果活动是自由的,并充满了想象,幼儿们就可以用自己的力量学会做很多事情,他们能够学会自己的真理,这些真理是他们自己发现的,他们永远不会忘记。①

第三节 英国和瑞典幼儿游戏介绍

一、政府对幼儿教育事业高度重视

英国政府把幼儿教育纳入终身教育体系,将普及幼儿教育当做政府的一项重要政策,

---

① 摘自IPA第11届世界大会论文集

多渠道、多途径大力发展幼儿教育事业,并加大对幼儿教育投资的力度。

随着近年来教育改革的不断深入,幼儿教育应该在哪些方面促进幼儿的发展,为基础教育做好必要的准备,成为人们探讨的一个重要问题。在此背景下,英国政府正式宣布设立基础阶段(foundation stage)。该阶段为2年,即学前教育阶段的3～5岁,这与小学5岁以后开始的4个年龄阶段的划分具有前后承接性。此措施出台后即被国际间看做是英国规范幼儿教育、提高教育质量的重要举措,引起广泛关注。

英国政府教育和就业部所属的"资格与课程"(QCA)专门为此阶段的幼儿确定了六大发展领域,还为这些领域分别编制了详细的"早期学习目标"(early learning goals)。

设立基础阶段的主要目的是为5岁开始的义务教育第一关键年龄提供必要的准备。所以,在课程方面也体现了与全国统一课程前后承接的连贯性特点。政府十分强调基础阶段的课程是为幼儿将来的学习打下必要的基础,要在以下几个方面促进幼儿的发展:促进幼儿个体、社会和情感的健康发展;帮助幼儿形成积极的学习态度和倾向;培养幼儿的社会性技能,特别是要为幼儿提供机会,使他们学习与他人合作和相处,相互倾听;注意的技能和持久性的培养,专心于自己的游戏或小组作业;语言和交流技能的培养,为幼儿提供各种机会,使他们在多种多样的情境中交流,与成年人和伙伴进行交谈,练习与扩展词汇和交流技能,认真地倾听他人说话,阅读和书写,给予幼儿在多种情景中探索、分享、学习和使用词汇和课文的机会,接触各种书籍;数学,促进幼儿对数、尺寸、图案、形状、空间的理解,对周围世界的知识与了解,为幼儿提供各种情景,使他们有足够的机会去学习解决问题、作决定、实验、预测、计划和提出问题,探索和发现与他们自己的生活有重要关系的环境、人和地方;身体的发展、运动技巧;创造性的发展,为所有幼儿提供机会,通过艺术设计和技术、音乐、动作、舞蹈等具有想象力的角色扮演活动,使他们去探索和分享想法、见解和情感。

概括起来,"资格与课程局"提出将该阶段的学习分成以下六大领域:个体、社会和情感的发展,语言与读写能力,数学,对世界的知识与理解,身体发展,创造性发展。从上述这些领域中我们可以看出,这是对幼儿教育阶段在各个方面全面和谐发展的要求,特别值得注意的是,在强调幼儿的认知、身体和情感发展的同时,将幼儿创造性的发展当做一个独立的领域,体现了鲜明的时代性。

二、托幼机构与社区综合服务中心融合

根据国家规定,幼儿教师获得任职资格须经过严格的专业培训。专业培训分四个等级,第一级培训需一年时间,接受高中毕业生参加,获得一级证书后,再经过一年培训可获得二级证书,参加第三级培训则历时两年,第四级培训也是两年,经过四级培训才能得到幼儿教师执照。受训者在各级培训过程中都要在幼儿园实习,实习时间长于课堂学习时间。国家规定,幼儿园园长必须有四级证书,一所幼儿园至少50%以上的幼儿教师必须具有四级证书。由此可见,英国和瑞典幼儿教师的准入资格是非常严格的。

幼儿家长需要育儿知识、需要专业文凭(包括非学前教育专业的),可以到这儿来学习;家长下岗了,可以在这儿继续培训从而获得重新就业的机会;甚至家里汽车、洗衣机、计算机坏了,也能在这儿得到帮助。

三、英国多元幼儿教育发展格局

英国3～5岁幼儿的公共教育由各地方教育当局(LEA)负责提供。从机构类型上看,已经形成以地方公立为主,社会自愿团体和私人为补充的多元发展格局。公立幼教机构当中又以教育当局开办或资助的为主,部分为地方社会机构开办,但也有二者合办的。地方教育当局开办或资助的主要有下列几种:

保育学校,招收3～4岁幼儿;保育班,通常附设在幼儿学校或初等学校内,招收3～4岁幼儿;幼教中心,招收3～5岁幼儿,只在正规学年期间上课;学前班(苏格兰地区无此类型班级),主要招收4～5岁幼儿,类似小学阶段;特殊幼儿学校,招收3～5岁具有特殊需要的儿童;补充班,主要为特殊需要儿童提供特殊教育,使他们进入正常学校就读。

由社会团体、工商企业或私人开办的幼教机构则多种多样,包括日托中心、私产幼儿园和游戏学园等。根据1999年的统计,在英格兰地区,公立幼儿教育机构吸纳了59%的3～4岁幼儿,30%进入私立园所(其中一些收取学费),9%进入各种自愿团体开办的免费幼教机构,由雇主开设的机构只吸纳2%左右的幼儿。

幼儿园开设数学、英文、科学、历史、地理、美术、体育信息技术等课程,还有宗教课,此外还聘请客座教师教授戏剧、演讲、乐器演奏、国际象棋、板球等,科目比较多。英国对私立幼儿园的管理很规范,学校的董事会是最高决策机构,有权对学校的所有事务作出决定,但政府每年都派专管私立学校的督察官来视察。

四、重视课程改革,教育教学有创意

(一)有效的教与学,就是师生"共享思维"

"有效的学",包括"幼儿发起的能够促进学习和使他们能够相互学习的活动"。在英国的幼儿园中,教师们积极创设一个充满刺激和变化的环境,让每个幼儿获得各种可使用的资源,并按照他们自身的速度,生成探索性的学习。

(二)玩中学——游戏与学习融合的最高境界

在英国和瑞典,随着幼教改革的不断深入,一种新的、整合的观点越来越被大家所接受,即不该把游戏与学习等活动机械地、人为地割裂开来,应赋予预设的学习以游戏化,在游戏中则生成、糅合更多的学习内容。因此,玩中学成了游戏与学习融合的最高境界。

(三)"自然食品"比"人工合成食品"更有意义

英国和瑞典的幼儿教育,让我们感受到一种自然之美、和谐之美。在North Trafford College附设的幼儿园,"婴儿按摩室"的教师,拿着一大筐"杂物"(竹球、丝巾、麻绳、刷子、毛巾、布料、草编物品等)向我们介绍:给幼儿们触摸的游戏材料,必须是真实的、自然的东西,绝不能是塑料的制品。

在瑞典斯德哥尔摩市郊拜林斯纳小区幼儿园的户外场地上,我们看到有的幼儿在教室墙边用砖头"砌"房子;有的幼儿用吊在大小不一的滑轮上的水桶,在沙坑里"运沙";有的幼儿在用废旧轮胎和木条搭建的"独木桥"上行走、在铺满木屑的"草地"上蹦跳;还有的幼儿成群结队地爬到园后的山坡上嬉戏;区角里,玩彩泥的活动结束了,桌上、椅子上、地上及幼儿们的脸上都是各样的彩泥。教师和幼儿们一起收拾、整理,在真实的"任务"情景中,自然地学习着如何解决问题,如何做到自己的事情自己做。

英国和瑞典的幼儿教育,使我们感受到,环境的影响是综合的、立体的,人的发展也是整合的、自然的。在高科技迅速发展的今天,"人工合成的食品",也许有它高效、速效之作用,但回归自然,崇高纯真的呼唤,使"自然食品"更有其原汁原味、纯美溢香之魅力。

(四)一个幼儿一个主题

英国的"课程指南"中强调"幼儿是以不同的方式、不同的速度学习的","实践工作者必须理解幼儿以不同的方式学习同一件事情,以及幼儿以不同的速度在不同的时间取得进步"。因此,英国幼儿教师关注每一个幼儿,为每一个幼儿设计"课程"。North Trafford College 的教师告诉我们,每个幼儿的学习方式、模式都是独特的,政府制订的"大纲"仅仅是为教师的工作指引了一个方向,真正有专业水平的教师,是能够按照每个幼儿的"图式"去设计课程的。在英国和瑞典的幼儿园里,我们随处可见的是教师在幼儿活动的现场,对幼儿的行为进行记录、拍照、录像……在幼儿园的教室里,我们信手拈来的是幼儿们的成长档案、观察记录、资料照片。

五、幼儿教育特色突显

英国和瑞典幼儿教育体现了"三多"、"三高"、"三活"的特色。"三多"即多元化办学、多部门合作、多样性选择;"三高"即高规格师资配备、高标准经费投入、高水平政府重视;"三活"即激活课程改革方式、激活保教管理机制、盘活社会教育资源。

这两个国家幼儿教育的最大特色就是对幼儿个性与能力的培养。所有的教育内容都与幼儿紧密相连。比如,要让幼儿学习英文书写,教师并不是让幼儿反复地书写枯燥的英文字母,而是让幼儿在画有虚线的一串葡萄上描画实线,因为英文里有许多字母的书写都要求有画圈的功夫;要让幼儿认识木头的特性,教师就给幼儿提供大小软硬不同的木块,让幼儿用锤子、钉子随意敲打,幼儿们在钉钉拆拆、敲敲打打中,逐渐获得了有关木头的相关知识。再比如,教幼儿阅读儿童文学作品,不仅讲一讲、念一念就行了,还让幼儿穿上服装进行表演,通过"诱之以情、导之入境"使幼儿能更好地领会作品的意境,从而受到感染和教育。这种活动教学的方法充分体现了幼儿主体性的意识和观念,可以满足幼儿的好奇心和求知欲,使幼儿感受到学习对他的意义,体验到探索的乐趣,同时它也为幼儿的全面发展提供了较为丰富的早期学习经验。教师很少批评指责幼儿,也不给幼儿提供唯一正确的标准答案,而是让幼儿在平等的、轻松愉快的环境中成长,在开放式的环境中充分发挥自己的思维与想象。

教育教学的方式方法主要以小组和个别教育为主,较少组织全班性的集体施教。教师注重求异、而不太注重求同,非常注重对幼儿兴趣和个性的培养。在斯德哥尔摩市郊拜林斯纳小区幼儿园,我们就看到有许多不到十平方米的小房间,它们被用作各类游戏室和阅读室,每个房间有 4 个幼儿在自主游戏或看书,教师较少用灌输的方法给幼儿传授知识,而让幼儿通过主动参与、通过自身的实际操作和探索活动来学习知识,获得技能技巧,培养情感、态度。

六、英国和瑞典幼教给我们的启示

(1)大力宣传学前教育是基础教育的重要组成部分,是终身教育的奠定阶段。发展学前教育对促进幼儿身心全面健康发展、对普及义务教育、对经济社会的发展、对提高国民整体素质、实现全面建设小康社会奋斗目标都起到了重要作用。各地必须从全局和战略的高度,充分认识搞好学前教育的重要意义,自觉增强做好学前教育工作的责任感和紧迫感,采取切实有效的措施,认真解决当前学前教育改革和发展中存在的困难和矛盾。

(2)确立符合我国国情的幼教事业指导方针。经济社会的高速发展对幼儿教育事业提出了更高的要求,我们要审时度势,把握机遇,明确各级政府发展幼儿教育的责任,同时鼓励和扶持社会力量共同办好幼教事业。

(3)继续抓好学前三年教育的普及、巩固、提高工作。要特别关注农村学前教育、残疾儿童和流动人口子女的学前教育问题。以社区为依托,充分挖掘社会的教育资源,对散居幼儿实施形式多样的早期教育和家教指导。

(4)积极构建0~6岁现代早期教育新体系,初步形成0~6岁学前教育整体化、系统化、一体化的格局;大力发展灵活多样的0~3岁早期教育形式,尽量满足3岁以下幼儿和家长多样化的教育需求;积极探索以示范性、实验性幼儿园和乡镇中心幼儿园为骨干,公办与民办相结合、正规与非正规托幼机构及家庭教育服务设施相结合的区域性早期教育网络。

(5)加大对学前教育的投入,建立专项基金,用于发展幼教事业。各级政府要加大对学前教育的投入,做到逐年增长。县(市、区)财政性学前教育经费要保障公办幼儿园正常运转,保证教职工工资按时足额发放,同时要充分考虑事业改革和发展的需要,对社会力量办园给予必要的扶持;乡镇的财政预算要安排发展学前教育的经费,主要用于乡镇中心幼儿园的建设和幼儿教师工资的发放。

(6)实行幼儿园园长、教师资格准入制度。幼儿园园长、教师必须持证上岗;对不符合任职资格的园长、教师,由主管单位予以调整;凡园长和幼儿教师不参加教育部门资格审定或聘用不合格园长和幼儿教师的幼儿园,不能予以登记注册、分类定级、职称评聘、评选先进等。

(7)制定督导评估标准,把学前教育事业发展、经费投入与筹措、教师待遇等列入各级政府教育督导内容;依法对托幼园(所)的办学方向、教育目标、教育质量以及受教育者、教职工和家长的合法权益进行检查评估。

下篇

实践篇

第六章

幼儿园各种游戏的指导策略

教师对游戏的指导,一方面需要通过创设体现一定教育意图的游戏环境间接影响幼儿的行为,激发其对周围事物的兴趣,积极投入游戏;另一方面,还需通过直接参与游戏过程,具体指导幼儿的游戏,引导其深入,不断提高行为质量和活动水平,通过游戏促进幼儿身心全面和谐的发展。因而,研究幼儿园游戏指导策略,对于帮助幼儿教师有意识地做好游戏指导有重要的意义。

第一节　角色游戏

一、角色游戏的基本概念

角色游戏是幼儿通过扮演角色,以模仿和想象创造性地反映现实生活的游戏,是幼儿按自己的意愿进行的一种富有创造性的活动,它可以有效地促进幼儿个性和社会性的发展。

角色游戏具有以下特点:

(1)角色游戏是独立自主的活动。游戏的主题、角色是在教师的启发和指导下,由幼儿自己编创出来,并按自己的意愿进行的。

(2)角色游戏是一种创造性的想象活动。在角色游戏中幼儿把想象活动和现实活动创造性地结合起来。他们经常用一种物品替代多种真实物体,如把小椅子当做汽车、火车、娃娃床等。

(3)角色游戏具有游戏的典型特点,主动性、趣味性、社会性、虚构性在角色游戏中表现得异常明显,它能满足幼儿身心发展的需要,幼儿最易接受。

(4)角色游戏具有较大的灵活性和伸缩性。随着幼儿身心的发展,游戏的主题、形式以及时间的长短和角色的分配等方面也都在不断地发展变化着。不同年龄幼儿角色游戏的发展水平大不相同。

在游戏中,幼儿是活动的主人,教师应给予幼儿充分的自由,深入观察和了解幼儿的游戏现状,灵活扮演各种角色,不失时机地给幼儿启发性的建议,引导幼儿扩展新的游戏

主题。然而,在我们现实的游戏指导中往往会出现这样一些问题:

(1)不了解幼儿的游戏心理,对幼儿的游戏更多的时候不是放任自流就是干涉太多;

(2)没有掌握角色游戏的特点,指导上不得法,失去了指导意义;

(3)指导缺乏目的性、计划性、整体性。

所以,我们有必要对角色游戏中教师的指导策略进行探讨。

二、角色游戏的指导策略

(一)细心观察,间接或直接参与幼儿游戏

观察不仅能帮助教师更深入地了解幼儿游戏的兴趣需要,更能使教师把握时机,有的放矢地指导幼儿游戏,从而扩展游戏,促进幼儿的学习与发展。

观察的内容主要包括:

(1)观察游戏的主题和情节。例如,幼儿游戏的内容是什么?幼儿在玩什么?再现的是什么经验?

(2)观察幼儿的行为。观察幼儿正在扮演什么角色,是否有角色意识,有哪些行为表现。

(3)观察选择和操作材料的情况。观察幼儿选择了哪些材料,如何操作,有什么困难。

(4)观察幼儿社会性水平。了解幼儿社会性发展水平(独立游戏、平行游戏、联合游戏、合作游戏),他们是否能主动选择伙伴,是否能协调和同伴之间的关系。

(5)观察幼儿的表征能力。观察幼儿是用模拟实物的玩具替代,还是用言语动作替代,玩的过程中遇到什么样的困难和问题,如何解决。

教师通过细心地观察,可以根据不同的情形采取相应的指导方式。

1. 教师作为游戏伙伴的隐性指导

教师以游戏参加者的身份用自己的行动以及游戏的语言或游戏的材料,暗示幼儿的游戏行为,促进幼儿游戏的发展。这是创造性游戏的主要指导方式。

例如,小班幼儿玩"娃娃家"的角色游戏,"爸爸"、"妈妈"和其他成员都在各玩各的,根本就没有意识到自己的角色行为。教师这时以"客人"的身份加入,说:"有人在家吗?我是爸爸的朋友,到你们家来做客,快来欢迎啊!妈妈在忙什么呢?是为我做好吃的吗?"这样"娃娃家"的每个成员都能意识到自己应该做什么,游戏就开展起来并向更深层次发展。

在隐性指导中,教师始终以游戏参与者的身份参与幼儿游戏,在不知不觉中指导幼儿游戏,这种方式也更易为幼儿所接受。

2. 以教师身份直接点拨的显性指导

为了帮助幼儿获得一定的经验,或当游戏中出现一些偶发事件时,有必要进行及时的、直接的指导。如游戏中幼儿有过激的行为,有不安全的倾向,有遇到困难想退缩的表现或有了特殊的困难等,教师都应该及时加以指导。

例如,教师看到一幼儿非常热衷于去"超市"买东西,手里拿着一大堆的东西还在跑来跑去,于是就直接提醒他:"你的东西要掉了,是不是该找个袋子装一下?"或者建议他去娃娃家做客,既可以处理他手里的东西,又可让他参与到更多的交往中。

(二)根据幼儿角色游戏的年龄特点进行指导

不同的年龄阶段,幼儿游戏发展的层次水平各不相同,如小班幼儿的角色游戏以模仿为主,大班幼儿的角色游戏则以创造为主。教师应针对不同的年龄段,选择不同的侧重点进行指导,以达到开展角色游戏的目的。

1. 对小班幼儿的观察与指导

小班观察的重点在幼儿使用的物品上。教师要根据幼儿的生活经验为幼儿提供种类少、数量多、且形状相似的成型玩具,避免幼儿为争抢玩具而发生纠纷,满足幼儿进行游戏的需要;以平行游戏法指导幼儿游戏,也可以角色身份加入游戏中,在与幼儿游戏的过程中达到指导的目的;要注意规则意识的培养,让幼儿在游戏中逐渐学会独立;并通过讲评帮助幼儿积累游戏经验。

2. 对中班幼儿的观察与指导

中班观察的重点应该是在幼儿与幼儿的冲突上,不管是规则上的、交往技能上的,还是使用物品上的。教师应针对中班幼儿的特点,根据幼儿的需要提供丰富的游戏材料,鼓励幼儿玩多种主题的游戏;在游戏中注意观察幼儿发生纠纷的原因,以平行游戏或合作游戏的方式指导游戏;通过讲评游戏教会幼儿解决简单问题、掌握交往技能及相应规范。

3. 对大班幼儿的观察与指导

要求幼儿运用已有经验,在现有的基础上去创新,此项成为大班游戏观察的重点,同时相互交往、合作、分享、解决矛盾也成为大班游戏观察的另一个重点。

(三)灵活运用评价方式

1. 评价内容

评价内容一般为幼儿创造性的表现或者遇到困难时,幼儿解决问题的方法。例如,教师问幼儿:你在游戏中遇到了哪些困难,是怎么解决的?你还有什么困难,需要大家一起出主意吗?为了使下次玩得更开心,你们还需要什么,怎么做?这样,幼儿们既能与他人一起分享解决问题的经验,也可以通过讨论解决问题,同时又为下次游戏主题的深化做好了铺垫。但评价内容应随游戏的情况和内容灵活调整。

2. 评价的形式、时机和主体

从评价的形式看,可以是集中评价、小组评价,也可以是个别评价;从评价的时机看,可以在游戏过程中评价,也可以在游戏结束时评价;从评价的主体看,可以是教师评价,也可以是幼儿自我评价。但评价的形式、时机和主体也要随游戏的内容和需要灵活调整。例如,小班幼儿在活动区内游戏一段时间后很可能注意力不再集中,就适用过程性评价;

大班幼儿语言和思维发展已达到一定的水平,因此,教师要为幼儿创设一种宽松、平等、自由、支持的评价环境,鼓励幼儿自我评价,且以幼儿评价为主,还可以通过讨论达成一致见解。如"点心店"的"大师傅"制作了新的"点心",客人们怎样能够方便又快捷地了解呢?有的幼儿建议服务员向客人介绍,可客人那么多,服务员根本忙不过来。这时,有的幼儿想到了店里的"大菜单",可以把新点心画下来贴到"大菜单"上,这样客人们就都看得到了。于是,"点心店"里多了一叠小纸片和水彩笔,幼儿可以随时推出自己的新式"点心"贴到"大菜单"上,还可以自己写上标价呢。

(四)适时介入,促进游戏深入开展

(1)当游戏内容贫乏时,需要教师画龙点睛地启发、诱导,进一步发展与深化游戏。如幼儿在玩"点心店"游戏时,"客人"一般都是在店里吃东西,没有"客人"时他们也只是等待。这时,教师以"客人"的身份出现,点了几份"点心",并表示有事马上就要离开,于是就引出了"打包"的情节,后来他们还主动开始了"送货"活动。

(2)当角色之间有冲突时,教师要及时调节,使游戏有条不紊地进行。在"娃娃家"游戏中,当"客人"去"主人"家做客时,"主人"坚持不让他进门,但"客人"非要挤进去,这样他们两个人就争吵了起来。这时教师就以"奶奶"的身份加入了游戏,让"主人"说一说,为什么不让"客人"进来。原来"娃娃家"有许多"客人",家里比较拥挤,都坐不下了。"客人"听后说:"我等会儿再来"。就这样冲突平息了,游戏又顺利地开展下去了。

(3)当幼儿在游戏中遇到困难时,教师可以介入指导,支持和鼓励幼儿解决困难。教师可以利用表情、眼神、动作、手势等非语言的手段介入指导。如一幼儿在"医院"游戏中扮演医生。但是,当他拿起听诊器时不知道怎么用。他用求助的眼神看着教师,教师用手势为他示范了一次,幼儿一下子就明白了听诊器的用法,高兴地为病人检查起来。

总之,角色游戏是幼儿期的一种典型的游戏类型,也是幼儿最喜欢,并能最大限度地满足幼儿心理需要的一种综合性强的游戏方式。要真正实现角色游戏的教育功能,教师的指导是必要的,也是重要的。适时的指导,不仅可以丰富幼儿游戏的主题、增加游戏的情节、促进角色交往,更能发展幼儿的主动性和创造性,提高幼儿组织活动的能力,促进幼儿健康、和谐、富有个性地发展。

第二节　结构游戏

一、结构游戏的基本概念

结构游戏是幼儿利用各种结构材料和与结构材料有关的各种动作来反映周围生活的一种游戏。结构游戏又叫"建筑游戏",是创造性游戏的一种,它通过幼儿的意愿构思、动手造型、构造物体等一系列活动,丰富而生动地再现了现实社会生活中人们的建筑劳动、建筑物以及各种物品。在这一动手活动中,既体现了幼儿对现实环境单纯、机械地模仿与再现,又体现了幼儿对客观生活的主观想象及积极地加工创造。

二、结构游戏的教育功能

结构游戏是一种非常有意义的活动,它对于发展幼儿想象力、增强幼儿体智、促进幼儿全面发展有着重要的作用。整个活动既体现了一个认知构造的过程,又保全了一个艺术成型的造型结果。幼儿在设计和建造活动中,不仅通过建设祖国、建设家乡的游戏活动,培养了热爱祖国、热爱家乡、热爱劳动的思想感情,陶冶了情操,还在游戏过程中形成了认真负责、坚持耐心、克服困难、互相协作、团结友爱的良好品质。同时更促进了幼儿感觉、知觉、思维的发展。他们在游戏中了解各种建筑材料的性质,学习空间关系的知识,理解整体与部分的概念,发展数量和图形的认识,并在塑造美观、坚固的物体同时,提高了审美能力。

结构游戏具体的教育功能如下:

(1)促进幼儿感知和动作发展,培养幼儿动作的准确性和手眼协调的能力。

(2)可以帮助幼儿获得有关结构材料的大小、颜色、性质、形状和重量等方面的知识,并获得一些空间概念(上下、前后、左右)和数量概念,发展幼儿的认识。

(3)发展幼儿的想象力、创造力。

(4)有助于培养幼儿做事认真、克服困难、坚持到底的品质。

(5)有助于幼儿发现自己的能力,增强自信心,发挥自己潜在的创造能力,有助于幼儿健全人格的发展。

(6)培养幼儿的审美能力和表现、创造美的能力。

结构游戏是一种艺术造型活动,幼儿在再现周围事物时,在颜色、形状、各部分比例中均要体现对称、协调和美观的要求。

三、结构游戏的分类

结构游戏主要包括以下几种:

积木游戏:用各种积木或其他代用品作为游戏材料进行的游戏。积木的式样很多,有大、中、小型积木,有空心或实心积木,有动物拼图积木等。这种结构游戏在幼儿园开展得较为普遍。

积塑游戏:用塑料制作的各种形状的片、块、粒、棒等部件。通过接插、镶嵌组成各种物体或建筑物模型。

金属构造游戏：以带孔眼的金属为主要的建造材料，用螺丝组合建成各种车辆及建筑模型。

拼图游戏：用木板、纸板、塑料或其他材料制成不同形状的薄片并按规定方法进行拼摆的一种游戏，小班可提供这样的材料。

泥沙游戏：泥沙是一种自然的建筑材料，配合辅助工具，幼儿可以开展变化无穷的结构游戏。不同年龄的幼儿都喜爱玩泥沙游戏。从装沙堆山到借助工具造型，无不折射出幼儿的想象力和创造力。泥沙游戏在家中常受到限制，所以幼儿园应为幼儿创设条件。

四、结构游戏的指导

（一）创设一个较宽敞的空间

教师为幼儿提供的结构材料是结构游戏开展的保证。由于材料有大小、轻重，有平面、立体，若把这些材料局限于桌上，会不利于幼儿充分地开展游戏。因此我们要为幼儿创设一个比较宽敞的空间。在幼儿游戏中，教师要巡回观察，给予指导。教师通过观察来了解幼儿的游戏状况，准确判断幼儿的游戏需求，在游戏时，要有充足的时间。结构游戏不同于音乐游戏、智力游戏，它有开始的引导，有过程中的构思、搭建、创造阶段。因此教师必须安排充足的结构游戏时间。时间大约为40分钟，这样幼儿在这段时间里人人都动手参与搭建。幼儿有时间去想象，去创造。幼儿园里常会看到这样的情景：教师拿着两个布娃娃问道："布娃娃想和小朋友一起玩，可是现在滑梯只有两个，怎么办呢？"幼儿说："我们自己搭。""你们怎么搭，搭什么样的滑梯？"这时有的幼儿说造大象滑梯，有的幼儿说造螺旋形滑梯……这种方式使幼儿在环境的影响下，促进语言能力的发展，使幼儿有时间去想象创造出各种各样的滑梯。教师还要适时地介入，当幼儿在游戏中获得成功时、当幼儿遇到障碍时、当幼儿游离游戏情景时、当幼儿出现不安全现象时，都要介入，还要适当地点拨。教师是幼儿的指导者、引导者，也是游戏的参与者，应以伙伴的身份融入到幼儿的游戏中。例如，"一辆结实的公共汽车"游戏开始时，有个幼儿对教师说："教师，今天我想造一辆公共汽车。"教师说："好啊！这回你的汽车要牢固点儿，等会儿做好了，我来乘坐你的车，好吗？"幼儿连忙点头。"公共汽车"做好了，他高兴地跑到教师面前："老师，我做好了，你来坐吗？"教师把"车"放在桌上试了试，说："这辆车蛮牢固的，太棒了。等会儿老师下班了，再坐你的车！"那个幼儿就很高兴。教师通过观察，观察到幼儿曾因为结构作品不牢固感到遗憾。在幼儿提出想法后，教师以游戏伙伴的身份渗透了做"牢固点儿"的要求，来使幼儿提高建构技能，获得成功。这样的介入、点拨有助于幼儿保持游戏的兴趣，有助于幼儿获得强烈的主体性经验。

（二）注重个体差异，培养其创造性

班中难免有一些幼儿在接受能力、反应能力等方面比一般幼儿差一些，对于这样的幼儿，教师要用心去激发其创造性。对能力强的、基础好的幼儿，要求其作品要有创新。对能力弱的幼儿，一方面要为他们提供"半成品"，一方面要引导他们找能力强的幼儿一起合作，增强他们的自信心。刚才那个例子就是这样的体现。

（三）培养幼儿良好的个性品质

幼儿的性格是在游戏、学习、活动中表现出来的。在游戏中，幼儿定下了自己要构建的东西，就要有始有终，把它完成，不能半途而废。若碰到困难可向同伴请教，不要放弃，

要坚持完成任务。这是对幼儿意志力、自制力的一种考验。教师在幼儿动手方面,应提供尝试操作的结构材料和有利的机会。幼儿搭一搭,插一插,看看同伴的作品,也会无意中搭出自己喜欢的小汽车,加上两块积木又好像是小房子。这类游戏发展了幼儿手脑并用的能力,锻炼了幼儿的坚持性。

(四)引导幼儿对结构作品进行评价

幼儿的结构作品做好后,要引导他们对结构作品进行评价。在游戏结束前,教师要组织幼儿对结构成果、结构活动进行评议。这样可以帮助幼儿回忆游戏前教师提出的要求,也可以培养幼儿养成良好的倾听习惯和正确对待自己和他人劳动成果的意识。在评价中,引导幼儿交流,教师参与点评。教师主要通过引导幼儿交流作品及游戏过程,参与有价值的点评,达到满足幼儿表达游戏感受的需要,增强幼儿的游戏兴趣。在交流时,教师是参与者,而不是主宰者,有利于营造平等宽松的氛围,有助于幼儿充分表达,保证幼儿主体性的发挥。除此之外,教师要善于捕捉对大多数幼儿发展有价值的内容进行点评,来促进全体幼儿共同发展。幼儿欣赏自己的劳动成果和同伴的劳动成果,互相学习,取长补短,从而激发幼儿对结构游戏的兴趣,为下次游戏打好基础。幼儿在自己完成作品后,需要教师对自己的作品进行评价。这时教师应用正面鼓励,对不是很好的作品给予指导。

(五)做好泥沙游戏的指导,培养幼儿的想象力

泥沙游戏,是幼儿的一种无拘无束的随意活动。在活动中,他们可以通过控制自己身边的事物产生愉悦感觉,悠然自得,松弛平和,宣泄情绪,愉悦心情,满足他们情绪的需要;他们也可以通过练习大小肌肉的动作,获得感官刺激,发展感知能力、操作能力、想象力、创造力。此外,还可以发展社交技能。

教师在指导泥沙游戏的过程中,首先要做好准备工作:在向阳处设沙地,面积尽可能大,这样可以使幼儿活动空间更大;为使沙子湿润需要洒水;天气很热时,可以为幼儿设太阳伞遮阴;添加玩沙、泥等辅助工具和材料,如小桶、小铲、模具、树枝、小棍等。

在过程指导中,教师应在游戏前对幼儿提出要求,如注意安全,不扬沙,不挥舞铲子,不把沙土弄到池外、箱外等;教师注意观察幼儿游戏;注意培养中大班幼儿游戏的目的性及相互间的合作。

此外,游戏结束前还要做好场地整理工作:教师提前几分钟提醒幼儿要结束游戏了;提醒幼儿把游戏工具、材料收拾到特定地方,把不小心弄到外面的泥沙扫起来倒入池内;提醒幼儿相互把衣服拍打干净,抖掉裤脚、外套上的泥沙,回去洗手。帮助幼儿养成良好的工作习惯。

总之,指导幼儿进行结构游戏,教师的言语、行为对开展游戏活动十分重要。游戏作为幼儿的基本权利,不应仅仅理解为娱乐,应把它看做幼儿的发展权。幼儿需要在一个良好的氛围里发挥他们的想象,实现他们的愿望,以此满足他们对多种活动的需要。教师在以后的活动中,要针对幼儿的年龄特点、发展状况,适时地进行指导,也可以带幼儿去外面看看周围生活中的物体和建筑物,感知建筑物各部位的名称、形状、结构特征。比如,幼儿搭了一座楼房,楼房是有层次的,房顶有尖的、平的、圆的,桥梁是由桥面和桥墩组成的等。在此基础上引导幼儿根据需要选择合适的材料,创造出自己所要表现的事物。

第三节 表演游戏

一、表演游戏的基本概念

表演游戏即幼儿扮演幼儿文学作品中的角色,用对话、动作、表情等富有创造性的表演,再现文学作品。由于表演游戏是通过表演来创造性地再现文学作品,所以它也是一种创造性游戏。表演游戏还能锻炼幼儿的人际交往能力,促进幼儿集体观念的发展和幼儿良好个性品质的形成。为了使幼儿能更好地进行表演游戏并能在游戏中得到发展,教师应对表演游戏进行正确的指导。

选择作表演游戏的作品,首先要具有健康的思想内容和艺术价值,情节生动、活泼,角色的性格鲜明,为幼儿所喜爱,并具有浓郁的表演特点。作品内容符合幼儿的经验,幼儿才能在表演中发挥创造性。要使幼儿充分理解作品的内容,分清是非、好坏、善恶,对反面角色应该持否定态度,然后再去扮演,否则,幼儿由于好奇心的驱使,喜欢模仿反面人物,会带来不良影响。

二、幼儿园表演游戏的性质与特点

(一)幼儿园表演游戏是游戏而不是戏剧表演

对表演游戏的性质定位直接决定了我们组织幼儿开展活动的指导思想和教师对表演游戏的指导行为。当我们把幼儿园表演游戏的性质定位于"游戏"而不是"表演",并以促进幼儿的主体性发展作为组织幼儿开展表演游戏的指导思想,用符合游戏活动本质特点的方法来组织幼儿的表演游戏时,表演游戏就呈现出不同于"戏剧表演"的面貌。在研究中我们发现表演游戏与戏剧表演的根本区别在于,表演游戏是幼儿自己"自娱自乐"的活动,幼儿只是因为"有趣好玩"而在"玩",他们并不是在为"观众"表演。事实上,他们心中并没有"观众",他们也根本不在乎"观众"。例如,海淀区的一次教研活动,有将近20个成人散坐在教室周围观看幼儿活动。但是,在长达2个小时的表演游戏活动中(包括制作道具、使用道具),幼儿非常专注投入,根本不在乎有人在看他们。"目的在于自身"并"专注于自身"是游戏活动的本质特点。促使幼儿持续活动的原因正是"好玩的"游戏活动本身,而不是来自外部的要求或奖赏。在这次活动中,他们一次次地要求"再来一遍"。在这样的活动中,表演游戏的"游戏性"凸显出来而有别于"戏剧表演",幼儿的主动性、积极性和创造性可以得到充分地表现和发挥,而且幼儿也在这样的活动中体验到了愉悦感。

因此,应当把幼儿园表演游戏的性质定位于"游戏"而不是"表演",幼儿园的表演游戏应当有别于戏剧表演。正是这种"游戏性"规定着幼儿园表演游戏的"类属性",使表演游戏归属于"游戏"而不是"表演"。如果缺乏"游戏性",表演游戏就将失去其作为游戏活动的质的规定性。

(二)表演游戏兼具"游戏性"和"表演性"

表演游戏区别于其他类型的游戏活动的特殊性在于它兼具"游戏性"和"表演性"。角色游戏是幼儿自己生活经验的反映;表演游戏以"故事"为依据的特点决定了表演游戏的"表演性"。从选择和确定所要表演的故事或作品的那一刻起,表演游戏就已经有了一个规范游戏者的框架。在游戏的过程中,幼儿会自发地在头脑中将自己的言行与故事情节、人物联系起来,故事作为"脚本"规范着幼儿的行为,成为幼儿行为表现的框架和评价自己和他人游戏行为的尺度。正是基于故事或作品的"再现"要求构成了表演游戏"表演性"的基础,而且也正是这种"表演性"构成了表演游戏区别于其他类型游戏的根本特征。表演游戏如果缺乏"表演性",也就缺乏了它自身作为一种游戏类型独立存在的依据。因此,"表演性"之于表演游戏来说,也是它不可或缺的特性。兼具"游戏性"和"表演性"正是表演游戏不同于其他类型游戏的特点。

(三)表演游戏需要教师的指导

表演游戏的"表演性"要求幼儿以自身为媒介,运用包括语言、表情、动作、姿势等在内的手段来再现特定的故事,这种再现的过程本身对于幼儿来说是多种能力的学习和锻炼的过程,也是幼儿获得各种有益的学习经验的过程。关于中、大班幼儿表演游戏的一般规律和年龄特点的研究表明,幼儿表演游戏要经历一个从一般性表现到生动性表现的发展过程。但是,幼儿自身并不能完成从一般性表现到生动性表现的提升,也不能完成从目的性角色行为到嬉戏性角色行为、再到更高水平的目的性角色行为的回归。表演游戏的"表演性"和中、大班幼儿表演游戏的一般规律和年龄特点决定了教师对幼儿的表演游戏进行指导的必要性。帮助幼儿完成从一般性表现到生动性表现的提升,从目的性角色行为到嬉戏性角色行为、再到更高水平的目的性角色行为的回归,正是教师指导表演游戏的目的和任务所在。这也正是表演游戏不同于其他类型游戏的特点。

三、表演游戏的教学潜能和发展价值

长期以来,表演游戏往往只是被当做帮助幼儿复述和记忆故事的手段,其教学功能被局限于故事教学的狭隘范围中。我们的研究表明,表演游戏的教学功能可以超越故事教学的狭隘范围而扩展到幼儿园课程的各个领域,促进幼儿各方面的学习和发展。

(一)表演游戏的教学潜能

研究表明,以童话或故事为基础的表演游戏具有丰富的教学潜能。在以童话或故事为基础展开的、以表演游戏为主线的系列活动中,幼儿不仅仅是在学习"语言",幼儿的学习还可以扩展到科学、数学、社会、艺术等多个课程领域。

以"昆虫怎样过冬"系列活动为例,在这个以幼儿的问题和兴趣为中心的系列活动中,幼儿不仅学习如何从不同的渠道去获得信息、了解关于各种昆虫过冬的知识,而且运用各种表征手段(包括绘画、展览、绘制图书、故事创作和续编故事、表演游戏等)把自己的知识表现出来。幼儿在这个活动过程中,获得的经验(包括态度、知识和技能等)涉及语言、艺术、社会、科学、数学等多个课程领域。而且,这些不同领域的学习经验是在作为一个整体的活动的自然展开中获得的,是整个活动的自然产物(图1-1)。由于幼儿学习的特点和对"有意义学习"的需要,幼儿园课程应当具有综合性和整合性。幼儿园课程的这种综合和整合可以通过不同的方法来实现,同时这种综合和整合也可以有不同的水平。合乎理想的综合与整合应当是自然而然地渗透的,而不应当是各领域内容简单地、人为地拼接。当前的研究表明,表演游戏是一种可以整合多领域学习的理想途径。这种整合并不是课程各领域内容的简单拼接,而是自然的联系和渗透。

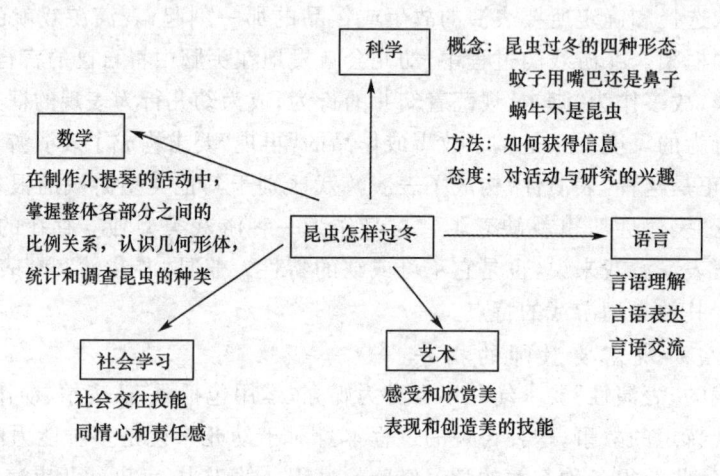

```
                      科学        概念:昆虫过冬的四种形态
                       ↑              蚊子用嘴巴还是鼻子
                       │              蜗牛不是昆虫
         数学           │         方法:如何获得信息
在制作小提琴的活动中,     │         态度:对活动与研究的兴趣
掌握整体各部分之间的     │
比例关系,认识几何形体, ← 昆虫怎样过冬 →    语言
统计和调查昆虫的种类     │              言语理解
                       ↓              言语表达
                                      言语交流
         社会学习        艺术
         社会交往技能    感受和欣赏美
         同情心和责任感  表现和创造美的技能
```

图1-1 表演游戏的教学潜能

(二)童话与科学的整合

童话与科学的整合,是表演游戏所特有的教学潜能。

表演游戏以童话或故事为基本线索。童话和故事往往以虚构和想象为特征,童话故事中的角色往往是拟人化的动物和植物,非常符合幼儿"万物有灵"的思维特点。故事和表演游戏本身所特有的拟人化特征为幼儿提供了展开想象翅膀的广阔天空,为幼儿探索自然界的事物与现象(尤其是生物现象)提供了一个很好的、具有"发展适宜性"的背景。借助于多种多样的表征手段,幼儿可以积极主动地去探索、发现自然界中的生物现象,比如昆虫在春夏秋冬不同季节的形态、活动和习性,生物的繁衍和生长等。可见,科学与童话之间并不是对立的、矛盾的关系,在幼儿的想象和游戏中,它们可以和谐地共处。

表演游戏作为一种象征性游戏,可以很好地将科学与童话、事实与想象整合起来。在表演游戏中,幼儿感兴趣和关注的问题是角色的塑造及故事情节的表现和发展,这种兴趣和关注使得他们在探索和研究怎样把故事"演得更好"的同时,也在不断地发现新问题(比如青蛙妈妈是产卵还是孵卵、蜗牛是不是昆虫等)。通过对新问题的探索研究和讨论,幼儿的知识经验获得了进一步的丰富和扩展,新获得的知识经验又进一步丰富了故事和游戏。在这样的活动中,幼儿的兴趣和需要不仅可以获得充分的表现,而且随着活动的进一步发展又出现了新的认知兴趣和需要,幼儿的探索研究和故事表演形成了相互补充的良性循环。我们可以用下面的图示来说明这种互补的循环关系(图1-2):

```
游戏 → 研究 → 再游戏 → 再研究 ---
```

图 1-2　游戏和研究之间的关系

幼儿的探索研究与故事表演之间的这种关系,不仅说明了表演游戏的教学潜能,而且也揭示了游戏与幼儿园课程和教学整合的一般途径与方法。

长期以来,在幼儿园教育实践中,存在着"游戏归游戏,上课归上课"、"游戏和幼儿园课程无关"、"重上课,轻游戏"的倾向。改变游戏与幼儿园课程和教学的这种相互分离、脱节的状况是实现幼儿园"以游戏为基本活动"的教育原则需要解决的一个重要问题。我们对表演游戏的研究,为解决这个问题提供了一个很好的思路。在研究中,我们看到幼儿一次又一次地要求"再玩一遍",同时我们还发现这种主体性表演游戏使幼儿产生了一种新的"工作与游戏混合"的活动体验。这种"工作与游戏混合"的体验正是成功整合幼儿园课程和游戏的重要标志。

(三)表演游戏的发展价值

在传统教学观念影响下的表演游戏往往只是故事教学的手段,同时,在教师高控制之下的表演游戏鼓励的是幼儿对教师的模仿和服从,缺乏的是幼儿对创造的热情和渴望。这种被动的学习能够让幼儿获得的只不过是一些破碎的、静态的字、词、句,扼杀的却是幼儿主动探索、创造的精神和充满童趣的想象与幻想。

以促进幼儿主体性发展为宗旨的表演游戏通过"创造"性质完全不同的师幼关系而赋予了表演游戏崭新的面貌,使表演游戏能够通过促进幼儿的主体性发展,有力地带动幼儿身心各方面生动活泼、主动地发展,从而呈现出内涵丰富的发展价值(图 1-3)。

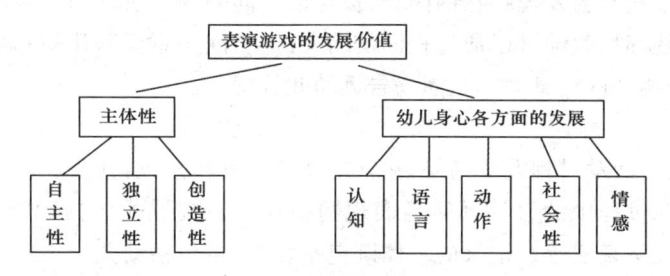

```
              表演游戏的发展价值
              ┌──────┴──────┐
           主体性        幼儿身心各方面的发展
         ┌──┼──┐      ┌────┬────┬────┬────┐
        自  独  创      认   语   动   社   情
        主  立  造      知   言   作   会   感
        性  性  性                    性
```

图 1-3　表演游戏的发展价值

可见,表演游戏的发展价值和教学潜能能否充分实现取决于教师的组织和指导方法。不同的指导方法可以带来表演游戏中不同的师幼关系和幼儿不同的行为表现,也因此决定了表演游戏不同的发展价值。

四、表演游戏的指导策略

(一)指导表演游戏可用的方法

1.观察

游戏是教师了解幼儿学习兴趣和需要的最好窗口。通过对幼儿学习特点、需要与兴趣的了解,教师可以与幼儿互动生成和发展课程。在日常活动中,教师应该随机地观察,敏锐地发现幼儿的学习兴趣和需要,然后以此为依据,及时地组织和指导幼儿开展相应的学习活动;在游戏中,教师应该进行班级整体扫描式观察,观察幼儿的表情、言行,判断他们是处于积极主动的活动状态还是无所事事的消极状态,判断空间材料是否满足幼儿活动需要;在游戏中,教师应该有重点地个别观察,注意小组幼儿或个别幼儿的特定需要,适时适度地提供帮助。

2. 提供材料

在表演游戏中,教师提供材料的目的是支持幼儿的活动,而不能仅仅把材料当做"道具"。因此,什么时候提供什么样的材料,应当根据幼儿活动的实际需要。当幼儿还没有产生对材料的需求时,教师不必立即呈现自己认为必要的材料或"道具"。在幼儿眼中,教师事先准备的精美的材料并不比他们自己制作的材料更具有吸引力,而制作材料的过程本身就是一种可以给幼儿带来快乐、蕴含丰富学习机会的活动,教师不能为追求"表演结果"或节省时间而省略这个颇具教育价值的环节。诸如纸、笔、盒子、木板这样的原始材料,可以为幼儿的探究提供更多的机会和可能性。

3. 组织讨论

小组讨论与互相评议对于幼儿主体性的发挥和表演能力的提高是极为有利的。

教师是幼儿表演游戏和小组讨论的组织者和支持者,在小组讨论中,教师的引导性提问十分重要。例如,在"昆虫怎样过冬"活动中,幼儿每次表演活动后教师都会问:"觉得自己演得好吗,好在哪里,不好在哪里?"这些问题可以引导幼儿反思自己的活动,发现其中存在的问题并寻找解决问题的办法。这种引导性提问向幼儿提出许多挑战,促使游戏不断向前发展。

教师应为幼儿的讨论营造一种民主平等的气氛。教师不应扮演"裁判"的角色来评定幼儿表现的"好坏",也不应扮演答案的提供者来告诉幼儿应该如何做。教师应该不断激发幼儿思考,让他们自己发现存在的问题,提出解决问题的方法。当发现幼儿在游戏中缺乏有关的知识经验时,教师可以通过提问使幼儿产生"问题意识",让幼儿带着问题到游戏活动以外去寻找相关的信息而不是当场告诉幼儿答案。

4. 记录

记录的对象是活动过程及其结果,包括幼儿的各种作品、所搜集和使用的有关物品和材料、幼儿在游戏过程中的言谈及行为表现的描述等。其形式包括图画、实物、照片、录音、录像、幻灯、文字说明等。记录的主体既包括教师,也包括幼儿。

记录的材料不仅仅是留作"展示"之用,给来访者(包括领导、家长、同事等)看的,而更应当做师幼互动的媒介和活动进一步发展的依据。

(二)中、大班幼儿表演游戏的指导

中、大班幼儿的表演游戏具有一些不同的年龄特点,因此教师在指导上也要加以注意。

1. 中班幼儿表演游戏的指导

中班幼儿表演游戏的年龄特点是:可以自行分配角色,但角色更换的意识不强;游戏的目的性差,需要教师一定的提示才能坚持游戏主题;游戏的计划性差,展开游戏需要较长的时间;以一般性表现为主,以动作为主要表现手段。因此,教师应为中班幼儿提供适宜的游戏时间和空间,并注意材料的结构化程度。幼儿的表演游戏需要一个安全、有趣的环境,教师要为幼儿准备封闭或半封闭的空间,这个空间最好在一定时间内是固定的,给幼儿认同感和安全感。同时应保证幼儿有不少于 30 分钟的游戏时间。为中班幼儿提供的材料要简单易搭,不能是那种需要幼儿花很长时间与很多精力才能够准备好的材料。

当给中班幼儿的材料种类过多时会对活动造成干扰,所以,材料以2~4种为宜。

在游戏最初开展阶段,教师要帮助幼儿做好配组工作,讲解角色更换原则。教师不要过多干预幼儿的游戏,不要急于示范,要耐心等待幼儿协商、讨论,提醒幼儿坚持游戏主题。在游戏展开阶段,教师应提高幼儿的角色表现意识,可以参与幼儿的游戏,为幼儿提供适当的示范。

2. 大班幼儿表演游戏的指导

大班幼儿表演游戏的年龄特点是:能独立完成角色分配任务,并有很强的角色更换意识;游戏的目的性、计划性较强,能自觉表现故事内容;具有一定的表演意识,但尚待提高;具备一定的表演技巧,能灵活运用多种表现手段,但表现水平尚待提高。

可以为大班幼儿提供较多种类的游戏材料以鼓励和支持他们进行多样化探索。在游戏的最初阶段,教师除了提供时间、空间和基本材料外,应尽可能少地干预。随着游戏的展开,教师应该及时给幼儿提供反馈,提高幼儿表现故事、塑造角色的能力。对于大班幼儿来说,教师反馈的侧重点应在如何塑造角色上,要帮助幼儿注意运用语气语调、夸张的动作、生动的表情来塑造角色。

第四节 规则游戏

规则游戏就是成人创编的,以规则为中心的游戏。如果说创造性游戏是幼儿创造性地反映现实生活的自发性活动,那么,规则游戏就是由教育者依据教育目标编制的一种有组织、有计划的游戏教育活动。前者充分体现了幼儿在教育过程中的主体地位和自主性,后者则充分体现了教师在教育过程中的指导作用。规则游戏与幼儿园教学活动密切相关,往往作为教学活动的组织方式,因而,规则游戏更多地包含着幼儿的学习活动,认识成分占主导地位。幼儿园中一般将规则游戏分为三种,即智力游戏、体育游戏、音乐游戏。

一、智力游戏

(一)智力游戏的基本概念

智力游戏是根据一定的智育任务设计的一种有规则的游戏。它以生动有趣的游戏形式,使幼儿在愉快的实践活动过程中完成增进知识、发展智力的学习任务。将学习的因素和游戏的形式紧密地结合起来,是发展幼儿智力的有效手段。

(二)智力游戏的结构

智力游戏属于有规则游戏,它是依据一定的智育任务而设计、编定的一种有规则游戏。它以生动、新颖、有趣的游戏形式,使幼儿在轻松愉快的活动中完成增进知识、发展智力的任务,是帮助幼儿认识事物、巩固知识、发展智力的一种十分有效的手段。

智力游戏的结构包括:

(1)游戏的任务,即在游戏中要求幼儿认识的内容和智力训练的任务。

(2)游戏的玩法,即在游戏中对幼儿动作和活动的要求。

(3)游戏的规则,即确定和评定幼儿的游戏动作和活动是否合乎要求的标准。

(4)游戏的结果,即幼儿在游戏中努力达到的目的,是判断游戏任务完成与否的标准。

(三)智力游戏的种类

1. 根据智力游戏所使用的材料,可将智力游戏分为:

(1)利用专门的玩具、教具、自然材料、日用品进行的智力游戏,如积木、套碗、积塑等。

(2)利用图片进行的智力游戏,如棋类、纸牌、拼图等。

(3)利用语言进行的智力游戏,游戏中不接触图片、实物,主要通过语言来完成游戏任务。

2. 根据智力游戏的任务,可将智力游戏分为:

(1)训练感官的智力游戏。

(2)发挥想象、锻炼思维的智力游戏。

(3)发展语言的智力游戏。

(4)练习记忆的智力游戏。

(5)训练计算能力的智力游戏。

不同年龄阶段的幼儿,其智力游戏的特点是不同的。小班的智力游戏比较简单,游戏任务容易理解、容易完成,游戏玩法具体、简单,游戏规则一般比较少,开始时对全体幼儿几乎是同一规则要求;中班幼儿的游戏任务比小班复杂多样。游戏的动作逐渐多样化,游戏规则更多的带有控制性。游戏中除运用具体实物和教具外,还增加了一些语言的智力游戏和竞赛的因素;大班幼儿智力游戏的任务、内容都较为复杂,要求幼儿在智力游戏中进行较多的智力活动。游戏动作要求较高,主要是比较复杂、相互联系、连贯的、迅速的动作。游戏规则要求也提高了,幼儿不仅要严格控制自己,遵守游戏规则,而且要迅速、准确地执行游戏规则。

智力游戏对幼儿的发展有重要意义,其教育作用主要是:有趣的智力游戏能使幼儿产生愉快的情绪,提高幼儿学习的主动性、积极性,提高他们努力完成任务的坚持性以及思维的灵活性、敏捷性,有助于幼儿形成乐于动手、动脑的好习惯,促进幼儿智力的发展。

智力游戏一般要求幼儿善于和同伴合作,共同遵守游戏规则,完成游戏任务,这有助于幼儿形成控制自己行为的习惯,有利于他们良好品德的形成。

(四)智力游戏的指导

只有在教师的指导下,幼儿的智力游戏才能顺利开展,才能满足一定的教育要求。智力游戏的指导要做好以下几方面的工作:

1. 为幼儿进行智力游戏创造条件

幼儿进行智力游戏往往需要各种玩具、教具及其他材料。教师应根据教育要求和幼儿的实际需要,为幼儿选择、制作各种玩教具。玩教具在室内摆放的位置,要以便于幼儿自由取放为原则,同时要注意更换和增加新的玩教具。对于新的玩教具,教师要教会幼儿玩的方法,然后让幼儿自己玩。

2. 教会幼儿正确地游戏

每种智力游戏都有一定的教育任务,要通过游戏的玩法与规则来实现。因此,幼儿必须通过学习才能掌握游戏的玩法。教师可以用生动、简明的语言及适当的示范,向小组或者个别幼儿介绍游戏的目的、要求、玩法以及规则。如果是有操作练习的游戏,还应事先教会幼儿必要的技能。幼儿之间也可以互教互学。在游戏过程中,教师要根据幼儿进展的情况,随时给予指导,督促幼儿遵守规则,要求他们按照规定的玩法、步骤认真地完成游戏任务,逐步独立地进行各种智力游戏。

由于年龄的差异,在指导小、中、大班时,要有一定的侧重点;小班的智力游戏多是利用玩教具进行的,教师首先要考虑如何通过游戏玩教具的出现,来激发幼儿的游戏兴趣。在游戏中教师的讲解要生动、简单、形象,有些讲解可以和示范动作相结合,以吸引幼儿的注意力,同时要不断提醒他们遵守游戏的规则;中班幼儿的指导仍需要示范和讲解游戏的玩法和规则。在游戏中,教师应注意检查他们对游戏玩法的掌握情况以及执行游戏规则的情况,使幼儿明白,只有遵守游戏规则,游戏才有趣味。教师要鼓励幼儿关心游戏结果,并努力争取好的游戏结果;对大班幼儿智力游戏的指导,主要是靠语言进行的。教师要依靠语言讲解游戏,要求幼儿独立地进行智力游戏,并严格遵守游戏规则,争取最好的游戏结果。教师还可以要求幼儿对自己的游戏结果进行适当的评价。

3. 要注意对个别幼儿的照顾,鼓励每个幼儿积极参加各种智力游戏

教师应当按幼儿的不同需要,提出不同的要求,进行不同的练习。尤其是对能力差的幼儿,应更多地鼓励、吸引他们参加智力游戏,及时肯定他们的进步,增强他们的自信心,提高他们的游戏能力。

4. 广泛利用智力游戏对幼儿进行教育

智力游戏条件简便,方式灵活,游戏时间、课堂上及日常生活中都可以采用,以向幼儿进行教育。教师要更多地利用这种游戏来复习、巩固幼儿所学的知识技能,还可以利用它来对幼儿进行个别教育。

二、数学游戏

由于数学知识本身抽象性、逻辑性强,有时幼儿容易产生理解上的困难,所以游戏这种活泼、生动、形象的方法更加适合幼儿数学教育。

根据幼儿园数学教育的实践,可以将幼儿数学游戏大致划分为四种类型,即操作性数学游戏、情节性数学游戏、数学智力游戏、综合性数学游戏。

(一)操作性数学游戏

1. 什么是操作性数学游戏

操作性数学游戏是指幼儿通过操作玩具或实物材料,并按照游戏规则进行数学学习的一种游戏。根据瑞士著名心理学家皮亚杰的观点,幼儿智慧发端于幼儿自身的动作。幼儿在外部移动、摆弄物体的过程中,在直接感知事物的过程中,在大脑内部逐渐建构了初步的数学概念。换句话说,没有感性的外部操作活动,幼儿很难完成由直接感知到表象

再到抽象概念的过程。

同时,有实验表明,操作游戏符合幼儿的数学活动特点,用操作游戏进行学习的效果是很好的。所以操作性数学游戏在幼儿数学教育中应用广泛。

2.运用操作性数学游戏应注意的问题

在操作性数学游戏中提供的材料充分,才能满足幼儿操作的需求。一方面,当幼儿学习同一数学概念的时候,为幼儿所提供的材料应数量充足、种类多样,以增强游戏的趣味性。同时操作材料应具有实物、图片、符号三个层次,以帮助幼儿的思维由直觉行动性向具体形象性再向抽象逻辑性发展。

(二)情节性数学游戏

情节性数学游戏是指通过游戏中的主题和情节,体现所要学习的数学知识和技能。

情节增加了游戏的趣味性,是整个游戏过程中吸引幼儿的重要因素。在此类游戏中,情节的繁简程度有所不同,简单的如"找朋友"(10以内加减)的游戏,游戏中每个幼儿持有一张卡片,卡片中有的是数字,有的是圆点,有的是实物,当教师说出一个数的时候,幼儿要根据自己卡片上的数量找到自己的朋友,他们卡片上物体或数字的总数,要和教师所数的一样。游戏中的情节也可以是复杂一些的,贯穿于幼儿整个学习过程中,使幼儿在轻松、愉快的游戏氛围中很自然地获得数学知识或技能。

通过设计游戏环境,使环境中尽可能多地渗透"1和许多"的关系,使游戏情节和数学感知完美结合。例如,一只猫妈妈和许多小猫、一个鱼池和许多小鱼、一棵大树和许多小鸟、一块草地和许多小草等。

(三)数学智力游戏

1.什么是数学智力游戏

数学智力游戏是一种以发展幼儿智力为主要任务的运用数学知识进行的游戏,数学智力游戏能够给幼儿留下更加广阔的探索空间,激发幼儿的求知欲和好奇心,更重要的是能够促进幼儿思维积极性、敏捷性、灵活性的发展。

2.运用数学智力游戏应注意的问题

(1)以幼儿已有水平为基础

数学智力游戏最基本的要求是幼儿已经具备了基本的数学知识和技能,这样才会有创造的基石,否则创造就成了无源之水、无本之木。如图形分类、拼图游戏、排序游戏。

(2)以幼儿兴趣为中心

幼儿对感兴趣的事情,会表现出很强的探索欲望;幼儿对不感兴趣的东西,绝对不会积极主动地坚持自己的探索和创造,数学智力游戏就失去它存在的价值了。

(3)具有广阔的探索空间

数学智力游戏本身是否给幼儿想象的空间,内容的含量是否有合适的深度和难度,是否能够激发幼儿的求知欲、好奇心,是否能够给予幼儿探索后获得成功的喜悦感,也是数学智力游戏的重要因素。

(4)适合中、大班幼儿

数学智力游戏要求幼儿具有一定的知识经验和较高的思维水平,所以不太适合在小班应用,一般应用于中班和大班。

3.幼儿数学游戏的指导

教师在指导幼儿数学游戏的过程中,要确保每一名幼儿在其原有水平上都有所发展。

(1)重视数学游戏材料的多功能性。不同发展速度的幼儿按照不同要求选择材料,材料要追求多功能性,教师应对每一种材料的用法、功能有明确的认识,使之为不同的教育目标和内容服务。

(2)数学游戏的指导应注意因材施教。如"层层叠"是一种发展幼儿手的技巧和判断能力的游戏,在活动中总是使用单一的玩法难免会失去兴趣,利用木块旁边的不同图形可让幼儿进行排序。能力弱的幼儿可选择三种图案进行排序,如一个方块、一个梅花、一个红桃;能力较强的幼儿可选择多种图案其中的一种按照逐一递增的规律排序,如一个方块、一个梅花、一个红桃、一个五角星、两个方块、一个梅花、一个红桃、三个方块、一个梅花、一个红桃;还可让幼儿进行1~10的正逆排序,把小木块像摆楼梯一样摆起来,第一层1块、第二层2块……以此类推,上楼时从下往上数1、2…10,下楼时数10、9…1;还可运用多米诺骨牌的玩法,让幼儿根据想象摆成不同的图形,练习幼儿的目测能力和动手能力,培养幼儿的耐力。在操作过程中不同的幼儿出现的问题不同,正如《幼儿园教育指导纲要(试行)》所指出,注重幼儿个体差异,因人施教,努力使每一个幼儿都能获得满足和成功。

三、音乐游戏

(一)音乐游戏的基本概念

音乐游戏是在歌曲或乐曲伴奏下进行的游戏,游戏中的动作要符合音乐的内容、性质、节拍、曲式等,并伴有一定的规则。有些音乐游戏有一定的主题、情节和角色,也有些音乐游戏没有一定的主题、情节或角色,但往往有竞赛和舞蹈的因素或队形的变化。

音乐游戏具有音乐和动作相结合的特点,幼儿按照有趣的游戏情节和音乐节拍进行活动,用动作来表现音乐,这样能更好地理解音乐、发展动作,使动作准确优美,富有节奏感和表现力。因此,音乐游戏对幼儿动作的发展,对音乐的感受力以及乐观情绪的培养,都具有积极的作用,在各年龄班均可进行。

(二)音乐游戏创编的原则

1.音乐性

这一原则体现为音乐素材应形象鲜明、结构工整,幼儿能随音乐的变化展开想象并表现游戏情节。例如《小猪盖房子》的A段音乐反映了小猪盖房子的情景,音乐轻快、活泼,富有节奏感、韵律感,加上配器中加入了模拟的猪叫声,使音乐形象更加鲜明、突出,有利于幼儿表现相应的游戏情节;B段音乐反映了狮伯伯检查房子的情形,音乐缓慢、沉重,与A段音乐形成鲜明的对比,幼儿可以借此清楚地区分游戏角色,顺利地变化游戏情节。

2. 游戏性

这一原则主要体现在音乐游戏除了角色表演外,还注重玩法和规则,突出高潮的设计与处理。例如,在音乐游戏"快乐的小鱼"中,教师和幼儿分别扮演大鲨鱼和小鱼,通过"鱼游"、"鱼吃食"、"鱼躲藏"等音乐变化,幼儿投入到游戏情境中,最终使游戏达到高潮。

3. 趣味性

这一原则主要体现在以下两个方面:

一是音乐游戏材料应幽默、诙谐、夸张。例如,"老鼠送礼"是一个带歌词的音乐游戏,旋律选自电影《三笑》"点秋香"片段,教师巧妙地将老鼠给自己的天敌——猫送礼的情节填进了歌词,使游戏充满情趣。

二是游戏玩法的起伏、变化。在每一次游戏中,教师不断地添加新的刺激与挑战,以保持幼儿适度的兴奋感。例如,"老鼠送礼"通过变换三种玩法来调控游戏的节律和幼儿的兴奋状态。首先,每个幼儿独自玩手指游戏,以巩固歌词,熟悉在歌曲最后一个音后抓、逃的规则;接着,幼儿两两结伴玩手指游戏,融入合作交往的因素。由于这两种玩法都是坐在椅子上进行的,所以教师能很好地控制幼儿的过度兴奋,使他们在舒适的情绪状态下轻松自如地学会玩法和规则;最后,幼儿进入第三种玩法,加入了师幼互动和在一定空间范围内追、逃的情节,使他们在游戏中得到满足。

4. 时代性

这一原则体现为教师设计游戏时能更多地关注幼儿的生活经验,并整合现代教育理念,给音乐游戏注入时代的气息和鲜活的生命力。如"小猪盖房子"游戏改变了动物间弱肉强食的关系,以小猪盖房,狮伯伯查房,最后获得成功的游戏情节,表现了动物间平等、友好、合作、充满关爱的美好情感。

(三)音乐游戏的指导要点

1. 音乐游戏的组织设计

活动组织合理与否,不仅是有效达成教育目标的重要保障,也是幼儿在音乐游戏中保持身心舒适、愉快的决定性因素之一。在音乐游戏中,如何围绕玩法、规则处理好教与学的关系是指导的关键。下面介绍几种富有成效的组织设计方法。

(1)从音乐感受导入的组织设计方式

从音乐的某一要素(如节奏、旋律)开始。如"老鼠送礼"就是以感受歌词和节奏导入的,教师用木鱼伴奏的儿歌朗诵及木偶表演引导幼儿多通道地感受歌词,进而轻松愉快地学会歌曲。

从音乐的某一要素(如乐段、乐句)开始。如"快乐的小鱼"从感受乐句入手,引导幼儿表现鱼游、鱼吃食的情节。

从有音乐伴随的画面或故事欣赏开始。如"小猪盖房子"是通过配乐故事帮助幼儿感受和区分两段不同性质的音乐,并了解小猪盖房子和狮伯伯检查房子的游戏情节;"快乐的小鱼"运用简单的图谱,帮助幼儿感受音乐。

(2)以动作学习为主体的组织设计方式

动作是音乐游戏的"血肉"或"色彩"。韵律活动通常采用音乐感受在先、动作学习在后的组织程序,但音乐游戏往往采用动作学习在先的方法,以符合幼儿的艺术感受、想象和体验的特点。随着新的刺激与挑战的逐层加入,这种方法不仅能使游戏的组织富有变化,还有助于幼儿积累丰富的动作表达语汇,发展迁移、探索、创编等各种基本的学习能力。

动作观察法。这一方法不仅观察教师的示范,而且观察实物、教具、动画作品中表现的各种动作。如"老鼠送礼"中,教师通过演示木偶教具,让幼儿观察老鼠恳求猫的动作和猫得意的神态,并感知歌曲最后猫抓老鼠的游戏规则。

动作探索法。这一方法通常从提问开始。教师的任务是鼓励幼儿尝试,反馈幼儿的尝试,组织幼儿交流,帮助幼儿分析、整理动作探索的规律。

动作创编法。动作创编与动作探索略有不同,探索活动给幼儿更多自由探索的时间和空间,而创编活动则强调幼儿在探索的同时学习知识技能,掌握动作表达的语汇,以便更好地进行表现。如在"小猪盖房子"中,教师先以启发式提问让幼儿根据自己的经验自由表现盖房子的动作:搬木头、和泥沙、钉钉子、刷油漆等,此时幼儿处于"动作探索"阶段。接着,教师以"盖房子应该先干什么,再干什么,最后干什么",引导幼儿学习盖房子的动作顺序:搬砖—和泥—砌墙—粉刷,并以"上刷刷,下刷刷,还有哪儿也要刷"的提示语,引导幼儿创编动作的方位变化,这时幼儿处于"动作创编"阶段。在这种环境中,教师巧妙地在幼儿自由尝试探索的基础上,引入一条具体的创造线索,引导幼儿按顺序变换方位盖房子。这一创造技能的学习,不仅丰富了幼儿盖房子的动作语汇,还能帮助幼儿借助有规律的动作转换与流动的音乐相匹配,感受动作学习过程中的审美情趣。

2.音乐游戏中的教师语言

与其他活动相比,幼儿在音乐游戏中大部分时间都会处在比较不稳定的状态之中,那么,在这种比较特殊的活动中,教师的语言形态应该是怎样的呢?

(1)有声语言的应用

在相对动态的音乐游戏中,教师的有声语言应努力做到:

①讲解语言精练。注重讲解与示范、讲解与练习、练习与反馈的紧密结合。

②分散讲解内容。多采用边讲解边示范、边练习边反馈的小单位、快节奏递进的方式。

③多使用"幽默语言"、"情境语言"进行即时评价。

(2)体态语言的应用

在音乐游戏中,教师的体态语言格外重要,它具有三种功能:

①示范或榜样的功能。因为音乐游戏是用体态语言组织的艺术活动。

②解释或强调讲解内容的功能。无论是在探索性、模仿性还是创造性的活动中,教师在讲解动作要求时都应配合体态语言。

③发起、维持或结束幼儿行动的功能。如果教师经常使用有声语言发起或结束幼儿

的行动,不但无法引起幼儿的注意和正确反应,而且可能因制造更多的噪音而增加自己和幼儿内心的烦躁和焦虑。

以"小猪盖房子"B段狮伯伯检查房子造型的环节为例,我们来看一些值得注意的教师语言信息。

听听谁来了?(音调放慢、拉长,语气、神情神秘。暗示幼儿要注意听辨,同时,录音机播放狮子的吼声。)狮伯伯来了,小猪盖好房子了吗?(停顿,目光环视,检查房子造型是否完成。)狮伯伯看到了尖顶的房子。(快速观看,及时反馈。)哇!这座房子真美!(伸出大拇指,使用真诚、肯定的语气,并靠近"房子",表现出赞赏式的体态语言。)

在这个片段中,教师将有声语言和体态语言的应用融为一体,使用了"边检查、边反馈调整"的教学策略,所用语言简短、明确,减轻了幼儿理解、记忆、反应的负担。

3.音乐游戏中的情绪调整

在音乐游戏中,将幼儿群体的情绪保持在适度兴奋的水平,使他们始终围绕目标进行活动,避免兴奋点转移或扩散,这对教师来说是一个考验。现以"快乐的小鱼"试教过程中出现的"兴奋扩散"现象为例,来探讨情绪调整的策略。

在散点运动的状态下,教师组织幼儿创编鱼游、鱼吃食的动作,由于教师引导幼儿用"啊呜"声来表现鱼吃食的样子,结果幼儿高度兴奋,不管出现什么音乐,幼儿们都沉浸在一片"啊呜"声中,无法控制。

针对幼儿这一情绪状态,教师在游戏中作了一些调整:一是在多通道感受音乐后,让幼儿坐在位子上看图谱做鱼游、鱼吃食的动作,在相对安静的状态分辨一个拍子前半拍游、后半拍吃的动作结构,并迁移生活经验,提示幼儿小鱼吃东西是没有声音的,鼓励幼儿用动作表现鱼吃食的样子;二是在散点站位游戏环节,教师在转换动作时用夸张的动作暗示幼儿做好准备。这两个策略帮助幼儿丰富了动作语汇,有效避免了"涣散感"、"茫然感"和"兴奋扩散"的情绪状态。

综上所述,教师在设计和组织音乐游戏时,应处理好这样几对关系:

(1)教育与娱乐。音乐游戏不应该仅仅让幼儿满足于娱乐,而应该让他们在娱乐的同时增长知识和经验,促进各种能力的发展。

(2)规则与自由。音乐游戏中的宽松、自由必须建立在一定规则的基础上。

(3)现实与创造。在音乐游戏中,教师要鼓励幼儿在现实的基础上发挥想象力和创造力,提高幼儿的审美情趣。

(4)自主与指导。教师在鼓励幼儿自主尝试、探索的前提下,给幼儿适当的帮助是非常重要的,它能让幼儿在尝试的过程中获得成功感和自信心。

四、体育游戏

(一)体育游戏的基本概念

体育游戏是体育活动的一种很好的形式,它是由各种基本动作组成的,有规则、有结果,有的体育游戏有角色、有情节,还带有竞赛性质。体育游戏可以发展幼儿走、跑、跳、攀登、钻爬、投掷等基本动作。开展体育游戏的条件简单易行,不需要许多器材设备,也不需要掌握复杂的技能,只要有场地便可进行。体育游戏的内容广泛、有趣,对幼儿具有很大的吸引力。因此,可以广泛开展。

(二)体育游戏的分类

体育游戏按基本动作可分为：走的游戏、跑的游戏、跳跃的游戏、投掷的游戏、钻爬和攀登的游戏、平衡的游戏等。按性质可分为以下几种：

1.模仿性游戏

幼儿通过模仿各种动作，达到发展他们基本动作的目的。如小班体育游戏"小白兔"，幼儿模仿小兔跳的动作，训练双脚向前跳的技能。这种体育游戏常伴有儿歌、音乐，多运用于小班。

2.有主题情节的游戏

这种游戏的特点是有角色，有开始、发展、结束的游戏情节。教材中此类游戏较多，幼儿特别喜爱。游戏有不同的难易程度，各班都能进行。如小班的"麻雀和汽车"、"老猫睡觉醒不了"，中班的"蝴蝶和小猫"、"鱼和虾"，大班的"小青蛙捉害虫"、"老鹰捉小鸡"等。

3.竞赛性游戏

这是通过互相比赛分出胜负的一种体育游戏，一般分队进行，如"插红旗"、"小马运粮"等。由于竞赛性游戏强调结果的胜负，而小班幼儿还不太懂，兴趣只在游戏动作和过程本身，所以一般不在小班运用。中班幼儿开始注意到游戏的结果，并逐步产生比赛的兴趣，对竞赛性游戏有所理解，因此从中班开始选用，到了大班逐渐增多。

4.躲闪性游戏

这种游戏对训练幼儿的动作灵敏性作用较大，参加游戏的幼儿为了保持优胜而不被淘汰，就必须灵活地躲闪，如中班的"捕小鱼"游戏。由于这类游戏对各种动作技能要求较高，躲闪时不仅要迅速跑步、转身、设法避开等，还要注意不碰撞其他同伴，因此，适合中、大班玩。

5.球类游戏

指滚球、拍球、抛接球、击木柱、投篮、踢足球、打乒乓球等。随着幼儿年龄的增长，由易到难地组织幼儿开展各种球类游戏。

6.民间体育游戏

指民间世代相传的一些小型体育游戏，如跳房子、踢毽子、跳橡皮筋、跳绳、夹包、翻饼等。

(三)体育游戏的选择

1.根据体育锻炼的环节选用游戏

幼儿园一日活动中，体育锻炼的环节一般有：体育课、课间活动、户外活动、冬季晨间锻炼等。这些环节在一日活动中的作用不同，时间长短不一，因此，选用的体育游戏也应有所区别。

(1) 为体育课选用的游戏

选择游戏时,必须考虑体育课内每部分的任务,因各部分对活动量和动作的要求不同,如准备部分的游戏,活动量不能过大;基本部分前半部是练习投掷动作,后半部就应选用活动量大的、带有跑跳动作的游戏。

(2) 为训练基本动作选用的游戏

大部分体育游戏是以基本动作组成的,通过游戏形式教幼儿学习新的动作,增加学习情趣;如果利用游戏来复习巩固动作练习,效果更好。

(3) 为课间活动和冬季晨间锻炼选用的游戏

幼儿园中、大班,一般上午有两节课,课间约有15分钟,为让幼儿得到充分地休息,可让幼儿分散自选或自由结合进行民间游戏,如跳房子、踢毽子、跳绳、跳皮筋、夹包、骑竹车等,或者选用无情节的小型游戏如踩影子、石头剪子布、踩竹筒等。晨间活动是幼儿一日生活开始的第一环,为使幼儿在气候比较寒冷的冬季能精神饱满、情绪乐观地开始新一天的生活,并使幼儿身体逐渐暖和起来,以利于其他活动的开展,冬季晨间应开展体育活动,一般安排小型、民间游戏较为适宜,便于先后来园的幼儿自由选择参加。

(4) 为户外活动选用的游戏

户外活动时间所选用的体育游戏应该与一天生活的各个环节相配合,注意应按动静交替的原则来安排。一般在语言课、计算课、美工课后的户外活动时间,选用活动量大的游戏,让幼儿追跑、跳跃,音乐课后则应选用活动量小的游戏。

2. 根据幼儿年龄特征和本班幼儿具体情况选用游戏

全国幼儿园《体育》教材中,为各年龄班提供了大量丰富的教材,选用时,要注意到本班幼儿的具体情况,如大班幼儿平时体育活动有基础,又都受过小、中班的系统训练,那么,选用的游戏内容可以复杂些,动作和规则难度可以大些;对于那些插班生多的班级,选用游戏就需由浅入深,逐步提高。

3. 根据幼儿基本动作发展水平应注意由易到难地选用游戏

为发展幼儿某项基本动作而选编的游戏,内容很多,但难易程度不一样,因此,教师必须由易到难地选取教材。如发展中班幼儿平衡能力,宜先选用游戏"松树和柏树",后选用游戏"迷迷转";训练大班幼儿助跑跨跳的动作,宜先选用游戏"小马送粮",后选用游戏"山沟里的狼"。

4. 根据季节的特点选用游戏

冬季天气寒冷,可选活动量比较大的游戏,如追逐、跳跃等游戏;夏季气温较高,需选活动量较小的、比较安静的游戏。如训练大班幼儿快跑,冬天可选游戏"磁和铁"、"捉带子"等,夏天可选游戏"切西瓜"、"人枪虎"、"贴人"等。

(四) 体育游戏的组织和指导

教师有目的地组织和指导幼儿开展体育游戏,才能保证体育游戏发挥其最大的教育效果。

1. 合理地组织安排

根据游戏的内容和活动量,以及幼儿的情况,来组织安排参加游戏的人数和先后次序。可以组织全体幼儿同时进行,也可以分成小组同时或轮流进行,暂时不参加游戏的小组,可以安排分散游戏。分组游戏人数不宜过多,持续时间也不宜过长,使每个幼儿自始至终保持积极状态。

2. 讲解游戏动作和规则

在教新游戏时,要先向幼儿介绍游戏名称和玩法,使幼儿对游戏有一个全面的印象,然后重点讲解游戏动作和规则。对竞赛性、躲闪性、球类游戏等无主题游戏动作和规则的讲解,应该简短、准确,有时可适当示范(教师或幼儿都可),以便帮助幼儿理解。在中、大班,为了检查幼儿对教师讲解的理解情况,可以通过提问来了解。只有幼儿理解了动作和规则,游戏才能玩得快乐和协调。对小班幼儿,动作和规则可在游戏进行中讲解,边玩边指点幼儿做动作,这样便于幼儿接受。教师要用富有感情的语调进行讲解,引导幼儿特别注意某一动作和规则,同时也可使幼儿玩得快乐。对主题游戏、模仿性游戏的讲解,教师的语言要生动、形象,能激起幼儿的想象和情感,让他们觉得身临其境,从而能更逼真、有效地做好各种动作,完成游戏的任务。再次进行同一游戏时,对小班幼儿可以提示游戏角色和角色所在的位置和规则;对中班幼儿可以简单提示规则;在大班可以让幼儿自己回忆游戏内容、动作和规则。这样有利于培养幼儿的独立性,逐步引导幼儿不需要教师直接指导,自己组织开展游戏。

3. 角色的分配

按照游戏内容,有时要将全班幼儿进行分队(组)。分队(组)时,要注意幼儿能力和男女幼儿的搭配,使各队(组)力量基本相近。有些游戏要选1~2名幼儿担任主要角色。分配角色时应按角色要求的难易程度,分别挑选不同能力的幼儿担任。角色难度大的,让能力强的幼儿先担任,角色难度一般的,可让幼儿轮流担任,特别要鼓励比较胆小、不好动的幼儿担任主要角色,使他们在集体游戏中得到锻炼和培养。当大多数幼儿同时要求担任主要角色时,教师可采用简单的游戏法来分配角色,如可闭着眼睛任意摸一名幼儿担任,或者让全体幼儿念儿歌,教师按儿歌节拍依次点数,最后一字点到谁,谁就担任主角。在中、大班可以让幼儿推选主要角色,并说明理由。在小班一般先由教师有表情地担任主要角色,以此影响幼儿,再逐步培养能力较强的幼儿担任,教师在一旁指点、帮助。

4. 教师对游戏的指导

教师应全神贯注地观察幼儿游戏,及时地给予指导。游戏进行时,幼儿往往沉浸于情景之中,而忽略动作的姿势和游戏的规则。如玩追逐游戏时,幼儿常常出现一些不正确的跑步姿势,如低头、仰头、歪肩、单臂摆动以及犯规的现象等,教师要及时提醒和纠正,以达到游戏预定的目的。同时在游戏中还要注意培养幼儿认真、诚实、遵守规则和友好的行为。教师要仔细观察幼儿身体情况的变化,如出汗、脸红(白)、喘气、动作不正常等,应及时地调整活动量。有时为引起幼儿的兴趣,教师也可亲自参加游戏,但必须是动作正确和遵守规则地示范。在重复做游戏前,教师应指出前次游戏中的不足处,并表扬个别幼儿的良好行为,以利于游戏继续正常地开展。在大班,教师可以逐步培养幼儿自己组织体育游戏,培养幼儿的独立性和组织能力。也可以让他们带领小班幼儿游戏,但是,游戏的全过程要在小班教师的监督下进行。

5. 游戏的结束

教师要善于发现有利时机,使幼儿在愉快的气氛中结束游戏。一般在全班幼儿情绪良好,还未感到累的时候结束游戏最为合适。过早地结束游戏,幼儿不满足,也不能达到锻炼身体的目的;过迟地结束游戏,幼儿过度疲劳,会影响健康。游戏结束的时候要让幼儿便步走,以减小运动量,使脉搏恢复正常。教师还要做简单的小结,可公布游戏结果,也可表扬某队(组)或哪个幼儿某些动作做得好,遵守规则,乐于助人,同时也应指出个别幼儿违反规则或不友好的行为。

6. 重视品德教育

游戏是向幼儿进行品德教育的有力手段,体育游戏也不例外。教师要充分利用体育游戏的内容、规则、竞赛因素等,有意识地对幼儿进行品德教育。

首先,要加强游戏中品德教育的计划性,要将品德教育的内容、重点环节列入游戏教学计划内,在实现教学计划时,还要充分估计可能出现的问题,提高品德教育的预见性,防患于未然;其次,要自始至终地教育幼儿自觉地遵守规则,并关心和监督规则的执行情况,以培养幼儿诚实、守纪律的好习惯;再次,游戏的内容或所用儿歌是教育幼儿的有利因素,教师可充分利用这些因素来培养幼儿爱祖国、爱劳动、爱科学等道德情感和遵守纪律、团结友爱等优良品德。教师还要抓住"竞赛"这个积极因素,培养幼儿的荣誉感、责任感,培养他们克服困难、积极向上、胜不骄、败不馁的意志品质。

第七章

幼儿园游戏活动设计

第一节 角色游戏

一、娃娃家

游戏目的:
(1)能够摆弄、探究娃娃家的玩具和材料。
(2)能够利用手中玩具做一些象征性的动作。
(3)知道幼儿园的玩具是大家的,要大家一起玩。
(4)懂得爱护玩具。玩具掉在地上不能踩,要及时捡起来,收拾好。

娃娃家的布置:
两面墙成直角,墙上有"全家福"(可以是图画)照片,或者小动物的图片。另外两面"墙"中的一面墙,用玩具柜与另一游戏区域隔开;另一面用积木搭成"门"。游戏区面积约四平方米。

玩具及材料准备:
(1)家具:两张小床,一个橱柜、一张圆桌、四把椅子,1~2个娃娃。
(2)餐厅用具:一个煤气灶、两套锅、铲、盘、碗、勺、叉子若干个。
(3)硬纸剪成的鱼、鸡肉、蛋糕、饼干等若干,皱纹纸剪成丝状(当做面条),彩色挂历剪成菜搓成块,肉块、鸡蛋若干,若干橡皮泥,其中有红、黄、绿等颜色。

游戏规则:
(1)带有"娃娃"标志的幼儿才能进去玩(共有五枚标志)。
(2)不能从"墙上"跨进跨出,必须从"门"进去。
(3)玩玩具时一样一样地拿,收好手中的玩具后,才能再取其他的玩具。

指导建议:
"娃娃家"游戏是小班角色游戏中最早出现的主题。最初的"娃娃家"中没有角色,只有对家庭玩具的摆弄,即使娃娃也不例外。这时的娃娃也只是被当做玩具人被幼儿摆布。幼儿只对那些玩弄的游戏动作产生浓厚的兴趣。在多次摆弄的基础上,小班幼儿才逐渐产生对伙伴的需要,这时的娃娃不再是普通玩具而成为幼儿游戏中的第一个角色参与了幼儿游戏。幼儿给娃娃喂饭、洗手、喝水、与娃娃说话,并把自己扮演成妈妈、外婆等角色,从而对角色产生兴趣。

小班幼儿的角色行为有两个特点:
(1)以自我为中心。
(2)依赖于玩具。有什么玩具就会产生与客观存在的相应的游戏动作。

小班整个时期"娃娃家"游戏发展很快,到小班末期,他们已学会扮演妈妈和孩子的角色,能反映家庭生活的简单内容,如吃饭、睡觉、看病、做客等情节,开始对主题有初步的理解。

中班"娃娃家"游戏已逐渐进入高潮,幼儿们对角色扮演得很认真,爸爸、妈妈的角色在游戏中发挥更大作用。家庭生活的情节也变得丰富而有情感,如过生日、请客总是十分热闹。中班"娃娃家"游戏中玩具的需求量大大地增多,这主要靠幼儿自己制作或选用替代物。

大班"娃娃家"游戏已是以主题形式出现的游戏,幼儿在游戏中,是以家庭为中心开展各种角色扮演的。娃娃家中长辈与平辈,主人与客人等角色关系也表现得很明显。角色规则和物品使用规则较复杂,要求严格遵守。

二、公共汽车

游戏目的:
(1)进一步了解司售人员的劳动,满足他们好模仿的愿望。
(2)练习正确、礼貌地对话。
(3)懂得尊老爱幼和相互谦让,学会关心和帮助他人。

汽车场的布置:
在活动室的一角空间,长大约2~3米,宽1米左右,安排一块场地。用大纸箱制成汽车的车头车尾,置放在场地的两端。车头车尾用彩色纸和旧挂历纸包装好,并各开一扇大窗户,两侧各贴上一个车轮。车头中央置一方向盘和一把司机坐椅,车厢内放两排椅子,两排椅子中间为过道,一把椅子当做门。

玩具及材料准备:
票夹子一个,钱币(自制)若干,车票若干。

游戏规则:
(1)售票员要主动报站,司机根据报站开到指定地点。
(2)乘客要等车停稳了才能上下车。

指导建议:
小班"交通"游戏是从扮演司机角色开始的。幼儿最喜欢模仿司机开车,手中操作象征性的方向盘,嘴里不停地发出"笛笛、嘟嘟……"的叫声。这辆汽车最好还能开动起来到处跑。这时幼儿玩的汽车并不需要乘客,也无需送乘客和物品的任务,他们只是对开车的动作感兴趣,以自己的身体、手的动作和叫声来参与游戏,从而获得集体活动的满足感和愉快感。小型的、各式各样结构的车辆一齐开动,是小班"交通"游戏的特点。

到小班下学期,幼儿们逐渐产生扮演乘客的愿望,希望到汽车上去坐坐,"交通"游戏也逐渐复杂，从小汽车变成大汽车，有了"售票员"，马路上出现了"红绿灯"和"交通警察"。但这时各角色还处于独立状态，司机只管自己开车，乘客可以自由上下车，交通民警只对红绿灯的操作感兴趣。

中班幼儿玩"交通"游戏，具有更多的交通含义：出现了为乘客服务的公共汽车，或者是火车、轮船、飞机。要求司机遵守简单的交通规则，如看红绿灯信号开车，行人走人行道。反映了汽车司机、售票员和乘客之间简单的相互关系。

大班"交通"游戏以交通规则为核心，驾驶员、乘客、行人和交通民警的角色行为必须遵守交通规则，并相互协调。除了为乘客服务的各种公共汽车、出租小汽车、旅游面包车、大客车等车辆外，还出现了货车、救护车、消防车、警车、大吊车等特殊功能的车辆以及特殊的交通规则。同时，幼儿们也开始注意公路的打扫和维护，出现了马路清洁工和公路建筑工人的角色。水上交通游戏、空中交通游戏也更加丰富了。

三、小医院

游戏目的：

(1)通过"医院"游戏幼儿了解医务工作者和病人的相互关系，培养幼儿尊重、热爱医务工作和学会关心他人的良好品德。

(2)使幼儿懂得爱清洁、讲卫生并认识一些医疗器械，获得一些防治常见病的知识。

玩具及材料准备：

(1)医疗器械：听诊器、针筒、体温表、压舌板、药瓶及其他一些医疗器械。

(2)工作的小桌椅、小床，医院标记"十"，以及医生的白大褂、白帽子、笔、纸、小药箱及药品（代用品）等。

(3)建构医院的材料：积木、栏杆。

游戏规则：

(1)"小医生"要询问病人的情况，方可开药。

(2)注意药品、用具要安全、干净（防止出现不安全因素）。

游戏指导：

小班幼儿的"医院"游戏是从玩小药瓶、小针筒、小听筒等玩具开始的。起初，他们只是反复摆弄玩具。如将药瓶中的药倒进倒出，针筒抽进抽出，并不需要吃药打针的对象。过一段时间后，娃娃才成了他们打针吃药的对象。给娃娃打针吃药的游戏动作使小班幼儿很高兴。接着，他们又不断地将自己生病时各种不愉快的印象、深刻的体验一个个不连贯地加在娃娃身上。如打针时代替娃娃哭叫，不肯吃药等等。小班"医院"游戏很简单，其内容大都是和自己生病时经历的事有关，医生也很少和病人说话，医生不问病人有什么病就开始打针，病人对此无意见。他们只满足于游戏动作，对游戏的主题不很理解。

随着知识经验的增长，社会生活交往的增多，中班幼儿在"医院"游戏中开始注意角色扮演，角色增多，看病的范围和使用的医疗器械范围也扩大了。他们不仅能把自己经历的事反映出来，还能把在电视中看到的或身边亲人、同伴等生病和治病的事反映出来。中班幼儿也开始反映医生和护士，医生的挂号、配药之间的简单关系，并进行初步合作。尽管这时他们还会出现各种各样的问题，可事实上已初具"医院"

规模。

大班幼儿的"医院"游戏是以主题形式出现的,医院出现了各部门,例如,挂号间、药房、诊疗室。一个部门里可能有几个同一角色,甚至他们的工作还可能有着不同的分工。大班的"医院"游戏中,医生要求病人带病历卡,而发药、打针则根据医生的药方进行,他们共同合作为病人看病。为了协调各部门的关系,有时还会出现院长角色,起组织指挥游戏作用。大班游戏中,幼儿更注重反映医务工作者的认真工作态度,医生则更多表现出千方百计为病人服务的精神。

四、小小"商店"

游戏目的:
(1)培养幼儿礼貌待客的态度。
(2)培养幼儿分工合作的能力。
(3)训练幼儿的灵活性和协调性。

游戏布局:
利用四个隔离柜作货架,货架前放两张长方形桌子作柜台,旁边留有出口,在墙壁上装饰着漂亮的商店名称——"小小商店"。

玩具及材料准备:
(1)食品:可乐、雪碧等塑料饮料瓶,各种软包装的饮料盒,各种奶制品的饮料盒,各种糖盒、点心盒、海绵块和糖纸,还有泡沫塑料和纸浆制的各种点心、水果等。
(2)洗涤用品:各种洗发水瓶,摩丝、发胶瓶,护肤品盒等。

游戏规则:
(1)戴上头饰才能做售货员。
(2)货物要归类摆放整齐。

游戏指导:
小班要到后期才出现"商店"游戏。小班"商店"游戏中的商品主要是吃的、玩的东西。"商店"中有货物陈列,顾客来了只是去看看摸摸或是自己动手拿,偶尔也向营业员要。小班的"商店"购物是象征性的,并无钱物交换。这时幼儿事实上还没有真正进入营业员和顾客的角色。

中班幼儿的"商店"游戏获得较快的发展,"商店"的范围也扩大了,但"商店"仍以食品为主。营业员和顾客的角色扮演较真实,他们购物需要钱甚至还计算数量,只是这种钱和物的数量都是象征性的。

大班时出现了更高层次的商店游戏,商店范围很广,有综合性的百货商店,也有各种专营商店。商店中的角色也增多了,如经理、保卫人员、礼仪小姐。大班开的商店里的商品种类大大丰富了,不但出现了吃的、喝的、化妆的、首饰、工业品之类,还出现了自选商店等。购买商品时需要计算数量及支付有价货币。顾客对营业员的态度提出较高要求,并常会因此发生争执。

第二节 结构游戏

一、红绿灯

游戏目的:学习用加高镶嵌、重叠镶嵌方法表现物体形象。

游戏材料:齿形积塑

游戏玩法:

(1)布置马路场景,有交通岗和交通工具,让幼儿玩各种交通工具,游戏中出现玩具人物,如交通警察和红绿灯交通信号(结构物)。教师可在灯的支架上镶嵌红色圆轮,然后再安上黄灯和红灯,这样可以使幼儿产生兴趣,产生给马路上的许多交通警制造红绿灯的要求和愿望。

(2)构造:红绿灯由底座、支架、灯三部分组成。

底座:选四个扇形齿拼接成方形。

支架:选六个方形空心齿镶嵌而成。

灯——选用红、黄、绿三个圆齿轮,将三个圆轮以红黄绿的顺序重叠镶嵌在最高的三个方形齿轮上。将支架直接插入底座,为了使底座稳定,选用两个三角齿轮与底交叉连接。

建议:可在户外用大插片做方向盘玩"红绿灯"游戏。教育幼儿从小遵守交通法规。还可以用其他材料做不同的交通游戏。

此游戏适合小、中、大班幼儿玩。

二、小房子

游戏目的:

(1)学习装饰盖顶和交叉盖顶。

(2)使幼儿对空间范围的扩大有新的体验。

游戏材料:积木

游戏玩法:

(1)幼儿喜欢给小动物造家,起初他们造的家只是一种围合式的围墙,逐步发展到房子有顶,顶是三角形的,房子是方形或长方形的,像他们在绘画中表现的那样。从平面到立体,从周围的围合到上下围合是幼儿构造思维发展的表现。

(2)构造:房子的结构有墙身、房顶。墙身可以有两种构造方法:

①以积木紧密排列做围墙。

②先做两个门:即以四根长积木砖四角对称排列成柱子,两个短的积木作盖顶,然后再用长积木交叉排列盖顶。

已盖顶的楼房还需继续把房顶的上部构造出来,可用三角积木铺平延长排列。

③还可建议幼儿找房子主人并用铺小路、造围墙等方法把几所房子联系起来。

④当幼儿完成作品后,让幼儿互相观看,互相学习。结束时玩音乐游戏"盖高楼",并延伸活动。

此游戏适合小、中班幼儿玩。

三、穿珠

游戏目的:训练幼儿手眼协调能力,引起幼儿对穿珠的兴趣。

游戏材料:木珠一套,各种大小插片若干。

游戏玩法:

(1)取出串珠,引起幼儿对穿珠的兴趣。

(2)构造:穿珠的技能在于手眼协调一致,让幼儿先玩珠,认真看清珠孔,穿珠时左手拿珠,右手拿线,将线头对准珠口后轻轻将线推进珠孔,用此方法连续穿珠可获得一串珠。

(3)可以让幼儿用串珠做项链、手圈、头圈,戴上照镜子,体验成功的快乐,也可用插片制作项链等。

此游戏适合小、中班幼儿玩。

第三节 表演游戏

一、小蝌蚪找妈妈

游戏目的:

(1)通过讲小蝌蚪找妈妈的有趣经过,让幼儿了解小蝌蚪变成青蛙的过程。

(2)幼儿通过扮演角色和进行对话,巩固和加深对青蛙的外形特征、生长过程等知识的认识。

游戏准备:

(1)游戏的角色:一群小蝌蚪、鸭妈妈、鱼、乌龟、鹅、青蛙。

(2)道具:角色头饰、服饰、桌面上玩具一套。

(3)背景:小池塘里。

(4)内容:(青蛙妈妈在洞里睡了一个冬天,醒来了)

青蛙妈妈:(从洞里慢慢地爬出来,伸了伸腿,"扑通"一声,跳进池塘里,在碧绿的水草上生下很多黑黑的、圆圆的卵)哎!让我们去看看春天!

(青蛙妈妈生的卵慢慢地都活动起来,一个一个都变成了小蝌蚪,在水里游来游去)

小蝌蚪:快游过去玩玩吧!

(鸭妈妈带小鸭子到池塘里游水)

小鸭子:妈妈,妈妈。

小蝌蚪:(疑惑地)我怎么没见过妈妈?(小蝌蚪游到鸭妈妈面前)

小蝌蚪:鸭妈妈,您看见我们的妈妈了吗?请您告诉我们,她在哪里?

鸭妈妈:看见过,你们的妈妈有两只大眼睛,嘴巴又宽又大,好孩子,到前面去找吧!

小蝌蚪:谢谢您,鸭妈妈!(鸭子退下)

(一条大鱼游过来,小蝌蚪也赶紧游过去)

小蝌蚪:妈妈!妈妈!

大鱼:(笑着说)我不是你们的妈妈,我是小鱼的妈妈,你们的妈妈有四条腿,好孩子,你们到前面去找吧!

小蝌蚪:谢谢您,鱼妈妈!(大鱼退下)

(一只大乌龟在水里慢慢地游着,小蝌蚪赶紧游过去)

小蝌蚪:妈妈! 妈妈!

大乌龟:(笑着说)我不是你们的妈妈,我是小乌龟的妈妈,你们的妈妈肚皮是白的,好孩子,到前边去找找吧!

小蝌蚪:谢谢您,乌龟妈妈!(乌龟退下)

(一只大白鹅游过来,小蝌蚪赶紧游过去)

小蝌蚪:妈妈! 妈妈!

大白鹅:(笑着说)我是小白鹅的妈妈,你们的妈妈穿着绿衣裳,唱起歌来呱呱呱,走起路来一蹦一跳,好孩子,快去找她吧!(大白鹅退下)

(小蝌蚪继续向前游去,青蛙妈妈来了)

小蝌蚪:(奇怪地)为什么我们一点都不像您呀?

青蛙妈妈:好娃娃,你们还小呢,等你们长大了,就像妈妈了。(小蝌蚪高兴地在水里翻跟头)

小蝌蚪:啊! 我们找到妈妈了!

(小蝌蚪慢慢长大了,先长出两条后腿,再长出两条前腿,尾巴也掉了,变成了小青蛙)

青蛙:呱呱呱,呱呱呱。

建议:

故事的开头和结尾专门由幼儿来做"旁白",这样故事的内容就完整了。也可以指导幼儿用动作来表演。例如,春天天气暖和了,青蛙妈妈生下的卵(由扮演小蝌蚪的孩子来蹲着表演)活动起来了,(慢慢站起,耸耸身子)变成了大脑袋、长尾巴的小蝌蚪(这时套上小蝌蚪头饰)。

故事结尾,小蝌蚪一天天长大了。先长出两条后腿(腿伸一伸),再长出前腿(用手表示前腿,伸一伸),小尾巴不见了(看一下自己的臀部),变成小青蛙(换戴青蛙头饰),跟着妈妈去田里捉害虫了(边做青蛙跳动的动作,边发出呱呱叫声)。在故事的开头和结尾如能编一些动作,不仅加深了幼儿对故事内容的理解,而且也加深了表演的兴趣,满足幼儿动的欲望。

此游戏可作童话表演,桌面游戏表演等,适合大班幼儿表演。

二、木偶戏——一个大桃子

人物:小羊甲、乙,小鸭甲、乙。

材料:木偶一套。

游戏内容:

大幕拉开(台上有一个大桃,小羊甲上)。

小羊甲:今天天气真好,痛痛快快地玩儿一会。

小羊乙:(气喘喘地上)真累,你让我来玩儿什么?

小羊甲:玩……玩捉迷藏吧!

小羊乙:好!(转身,发现了个大桃子)啊,好大的一个桃子!

小羊甲:这是一个大桃子。
小羊乙:是我先看到的,这桃子应该是我的。
小羊甲:我先来的,这桃子应该是我的!
小羊乙:我的!
小羊甲:我的!(小羊甲乙争吵起来)
小羊甲:好吧!咱们来摔跤,谁赢了,桃子就归谁。
小羊乙:比就比!你准输给我。
(两只小羊先顶头,后又抱在一起摔跤,不分胜负)
小羊甲:不摔跤了,咱们来赛跑,谁赢了,谁就得桃子。
(两只小羊做各就各位动作,准备跑)
小羊乙:好啊,各就各位,预备——跑!
(小羊甲、乙绕场跑两圈,跑的时候,一会儿甲推乙,自己跑上前,一会儿乙又拉甲的衣服,自己跑上前,然后退场)
(小鸭甲上)
小鸭甲:呀,桃子真大呀!小鸭快来呀!(对台里招手)
小鸭乙:(跑上场)有什么事吗?
小鸭甲:你瞧,一个大桃子。
小鸭乙:呦,真的(闻闻),真香啊!
小鸭甲:一定很好吃!
小鸭乙:我们把它抬回家,分给大家吃吧。
小鸭甲:好!
(两只小鸭抬着一个大桃子哼哼呵呵地下场)。
(小羊甲乙上场,累得直喘气)
小羊甲:嗨,真累呀,我先到,桃子应该是我的!
小羊乙:不,我先到,桃子应该是我的!
(找不到桃子)哎呀!桃子怎么没了?
小羊甲:真的没有了。
(小羊甲、乙四周寻找)
小羊乙:都怪你,要是刚才不争吵,咱们分着吃多好啊,哎——(一屁股坐在地上)
小羊甲:真倒霉!(和小羊乙背靠背坐下)
小羊甲、乙:(寻找着桃子)桃子桃子,你在哪里,你在哪里?
(小羊甲、乙往舞台两边寻找桃子,垂头丧气地下场)
建议:可作童话故事、桌面表演等。
此游戏适合小、中班幼儿表演。

三、金鸡冠公鸡

游戏目的:
故事通过公鸡三次上狐狸的当被骗出门,三次被狐狸抓到洞里,在狗和画眉鸟的帮助下才被救出的情节,告诉幼儿绝不能贪吃和爱听恭维话。

游戏准备:

(1)游戏的角色:金鸡冠公鸡、狗、画眉鸟和狐狸。

(2)道具和布景:

有公鸡、狗和画眉鸟住的小房子(有窗口,可探出头来),狐狸洞,黑黝黝的森林,湍急的河流,高耸的山头。房子可用大型彩色积木搭起来,狐狸洞也可用积木搭起来,森林可用几根树枝表示,河流可画两条平行的线,中间放几条绿色的纸表示河水,山头用积木堆搭起来。

(3)角色的装束:公鸡、画眉鸟、狗和狐狸用头饰表示,最好戴立体头饰。这样,金鸡冠、尖尖的嘴等特征都能明显地表现出来。

游戏内容:

幕启(狗和画眉鸟拿着斧头)。

狗:公鸡,我和画眉鸟要到树林里去砍柴,我们走得很远,你在家里看门,一声也不要响,如果狐狸来了,你千万别把头探到窗子外面。

(狗和画眉鸟下;公鸡回到屋子里,坐在窗边;狐狸上,眼睛滴溜溜地看着周围,到窗子下面坐下来。)

狐狸唱:公鸡呀公鸡,金鸡冠的公鸡,你的脑袋油光光,你的胡须丝一样,你把头探出窗,我有好吃的给你尝。

(公鸡把头探出窗外,狐狸窜上去一把抓住它,就往狐狸洞跑)

公鸡:(害怕地)狐狸把我抓住,走过黑幽幽的森林,跨过急腾腾的河流,翻过高耸耸的山头……狗啊,画眉鸟啊,来救救我吧!(狗和画眉鸟上,去追狐狸,从狐狸手里把公鸡救回来。狐狸吓得逃走了,狗和画眉鸟扶着公鸡回屋)。

(过了一会儿,狗和画眉鸟拿着斧子出来)

画眉鸟:(对公鸡严厉地)你得待在家里,千万别把头探到窗子外面,我们这回走得更远,会听不见你的叫喊声的。

(公鸡点点头,狗和画眉鸟下,公鸡回到屋里,坐在窗边,狐狸边走边东张西望,然后坐在窗子下面)

狐狸:公鸡呀公鸡,金鸡冠的公鸡,你的脑袋油光光,你的胡须丝一样,你把头探出窗,我有好吃的给你尝。

(公鸡坐在那里一声不响,狐狸瞄了一眼窗口,想了想)

狐狸:(带有挑逗性地)孩子们跑呀跑,麦子撒了一地,母鸡它们捡起来,就是不给公鸡……

(公鸡把头探出窗外)

公鸡:(不服气地)干吗不给?

(狐狸凶狠地窜上去,一把抓住公鸡,往狐狸洞跑)

公鸡:(非常害怕、紧张地)狐狸把我抓住,走过黑幽幽的森林,跨过急腾腾的河流,翻过高耸耸的山头……狗啊,画眉鸟啊,来救救我吧!

(狗和画眉鸟上,追上狐狸,狗用爪子抓,画眉鸟用嘴啄从狐狸手里把公鸡救回来。狐狸吓得逃走了,狗和画眉鸟又扶着公鸡回屋)

(又过了些时候,狗和画眉鸟从屋子里走出来)

狗：（对公鸡非常严厉地）你千万不要听狐狸的话，千万别把头探到窗子外面，我们这回走得更远，会听不见你的叫喊声的。（公鸡点点头，很惭愧的样子，狗和画眉鸟下，公鸡回到屋子里，坐在窗边，狐狸看了看左右，又蹑手蹑脚地来到窗下）

狐狸：公鸡呀公鸡，金鸡冠的公鸡，你的脑袋油光光，你的胡须丝一样，你把头探出窗，我有好吃的给你尝。

（公鸡一声不响，狐狸瞄了一眼窗口，想了想）

狐狸：（挑逗地）孩子们跑呀跑，麦子撒了一地，母鸡它们捡起来，就是不给公鸡……

（公鸡一声不响，狐狸瞄了瞄窗口，皱了皱眉，清了清嗓门）

狐狸：（更挑逗地）人们跑呀跑，核桃撒了一地，母鸡把它们捡起来，就是不给公鸡……

（公鸡把头探出来）

公鸡：（很不服气地）喔喔喔，干吗不给？（狐狸凶猛地窜上去，一把抓住公鸡，在舞台上跑一圈再下台，公鸡大叫）

（一会儿狗和画眉鸟上，边走边叫公鸡）

狗：咦，公鸡怎么不见了，它上哪去了？

画眉鸟：（思考一下）糟糕，会不会让狐狸抓走了？

狗：很有可能，我们快去找。

（狐狸抓着公鸡上，钻进狐狸洞。狗和画眉鸟上，跑到狐狸洞口）

画眉鸟：狐狸钻进去了，怎么办？

狗：（想了想从包里拿出琴）特铃铃，特铃铃，金弦线和小提琴，狐狸不在家中，在那热烘烘的狐狸洞。

狐狸：是谁琴弹得那么好，歌唱得那么动听，让我去看看吧！

（狐狸爬出山洞，狗和画眉鸟立即抓住了它，狗用爪子抓，画眉鸟用嘴啄，狐狸叫着抱着头逃下；狗钻进洞救出公鸡）

狗：今后可别再上狐狸的当了。

（公鸡难为情地低下了头）

建议：

狐狸在表演游戏中是个重要的反面角色，我们要让幼儿领会狐狸的狡猾并痛恨它，然后指导幼儿扮演出狐狸的角色特征来。

教师可以在语言、言词和动作方面作示范表演，并让幼儿理解"表演"的技巧。

在表演游戏中，要让幼儿充分发挥游戏主人的作用，教师要和他们一起商量如何对故事场面进行布置，从而更好地发挥幼儿在游戏中的作用。

此游戏适合大班幼儿表演。

第四节 智力游戏

一、水中船

游戏目的：引起幼儿对物体沉浮现象的兴趣。

游戏材料：一盆水或水池，各种材料制作的船（纸船、塑料船、木船、泥船）。

游戏玩法：

(1)将各种船放入水中,看看哪些材料做的船沉下去,哪些材料做的船浮起来,如何使浮起来的船沉下去。

(2)自己用各种材料制作可航行的船,玩"水中船"的游戏。

此游戏适合于中、大班幼儿。

二、猜谜游戏

游戏目的:通过猜谜活动,幼儿学习按物体的特征、性能猜测谜底、发展幼儿的想象力。

游戏材料:教师要根据幼儿的年龄特点、理解能力来选择谜语。

例如：

一条长桥架天空,太阳在西桥在东;数数颜色倒不少,紫蓝青绿黄橙红。

小小姑娘黑又黑,秋天去了春天回;房子造在屋子里,带着剪刀天上飞。

此游戏适合于中、大班幼儿。

三、会唱歌的瓶子

游戏目的:培养幼儿听觉的辨别能力。

游戏材料:7只相同的瓶子,每瓶盛入少量的水,第一瓶的水最少,以后每瓶水应比前一瓶水略多。小棒数根。

游戏玩法：

将7只盛水的瓶子,由少到多排列成一队。幼儿手持小棒,敲打小瓶,倾听小瓶发出的声音,还可以根据这些声音敲打出简单的乐曲。

此游戏适合大班幼儿玩。提醒幼儿注意,敲打小瓶时不要太用力,以免瓶子破碎发生危险。

四、谁会飞

游戏目的:培养幼儿辨别事物的能力,知道哪些东西能飞,哪些东西不能飞,训练按信号做动作和控制的能力。

游戏玩法：

教师说出某一种能飞的东西,同时挥动两臂做飞的动作。如教师说"小鸟飞飞"和"蝴蝶飞飞","飞机飞飞"等,幼儿跟着说"飞飞",同时上下挥动两臂做飞的动作。如果教师说的是不能飞的东西,如"柜子飞飞""衣服飞飞",幼儿就不能说"飞飞",也不能做飞的动作。如果说了"飞飞"或是跟着教师做飞的动作,就错了。

此游戏适合中班幼儿玩。

第五节 体育游戏

一、换花游戏

游戏目的：

(1)训练幼儿快速跑的基本动作及小肌肉的灵活性。

(2)发展幼儿的思维,培养一定的竞争意识,知道一一对应的关系。

游戏准备：

(1)离起点几米将10把小椅子紧挨着对放,椅子背向外(两边各5把),注意椅子之间的距离(以两手能交叉换花为好)。

(2)每把椅子上放一朵花,一排一种颜色,终点处放一把椅子。

(3)也可以使用小长凳。

游戏玩法：幼儿排成几路纵队,每队10人,游戏开始后,第一名幼儿迅速跑到两排椅子之间,把两边的花换位,然后跑到终点绕椅子跑回,拍第二名幼儿手继续游戏,直到10名幼儿全部跑完。

游戏规则：

(1)换花时要一一对应地换,一次换完。

(2)不能把花掉在地上,要在椅子上摆好。

建议：

(1)换花这个游戏主要是训练幼儿跑的基本动作及小肌肉的灵活性。但幼儿的思维发展也不容忽视,在换花的过程中,如何能动作快捷地把花一一对应换好,需要幼儿动脑筋想办法:可以拿完一边的放好,再拿一边的花,一次换一朵花。也可以两臂交叉一次换两朵。哪种方法能取得第一,就要看幼儿思维的灵活性,动作的协调性。这是一个训练动作与思维的游戏。

(2)加入音乐(节奏欢快)更能增加幼儿游戏的兴趣。

此游戏适合大班幼儿玩。

二、实现梦想

游戏目的：

(1)初步训练幼儿蹲走、钻爬的技能。

(2)培养幼儿集体合作的精神及竞争意识。

(3)通过游戏使幼儿懂得蝴蝶生长的过程,体会成功的喜悦。

游戏准备：

(1)三大块塑料包装材料,若干个拱形门。

(2)各色皱纹纸或各色纱巾若干,每人一对扮蝴蝶的翅膀。

(3)若干个头饰和皱纹纸扮发卡。

游戏玩法：

(1)幼儿每8～10人为一队,蹲好并且依次拉着衣襟做好准备。

(2)游戏开始后,幼儿一起蹲走,钻进拱形门,依次快速爬行。

(3)等待片刻,当蝴蝶飞舞的音乐响起时,幼儿依次从拱形门中出来,愉快地在草地上飞舞、玩耍。好像从幼虫变成了快乐的蝴蝶,游戏可以重新开始。

游戏规则：

(1)幼儿行走时不要松手,动作要一致。

(2)当听到"蝴蝶飞舞"音乐时,第一名幼儿才可从拱形门中飞出,相同颜色在一起,在同样的花丛中飞舞。

建议:此游戏是一种综合性游戏,既能训练幼儿的动作技能,又能使幼儿的知识得到增长,同时培养幼儿团结合作的精神。

三、七个小矮人大战老巫婆

游戏目的:
(1)锻炼幼儿蹲、走、跑、爬、投、侧身滚等基本动作。
(2)培养幼儿竞争意识及集体荣誉感。
(3)培养幼儿的表演能力。

游戏准备:
(1)音乐故事磁带一盘。
(2)小矮人头饰若干个,老巫婆头饰一个,老巫婆画像四个。
(3)四种颜色的中号纸箱若干,大号(冰箱、洗衣机)纸箱四个,草垫四个,沙包若干。

游戏玩法:
(1)幼儿按纸箱颜色分成四组,将纸箱套在腰间,双手扶着纸箱蹲者走,戴头饰扮作小矮人。
(2)同时一名幼儿扮演老巫婆藏在大号纸箱里。
(3)音乐故事开始,幼儿走四拍,原地转动纸箱四拍,共四个八拍,原地不动。

老巫婆听到音乐后出场,七个小矮人起立,按顺序像开火车似的跑到赛场的起跑线后,排成四队。

幼儿听口令开始比赛,蹲走(做小矮人状)。迅速摘下身上的纸箱并摆放整齐,钻过山洞,并侧滚翻跑到沙包前,用力投向老巫婆,跑回拍打第二个幼儿的手,游戏继续进行。哪组先到终点,哪组取胜。

建议:可变换多种玩法。如跳过障碍(纸箱)、翻过纸箱、拉纸箱等等。

此游戏适合中、大班幼儿玩。

第六节 音乐游戏

幼儿音乐才能的培养规律,历来是音乐教育家研究和探索的一个重要课题。很多研究认为,人的一生有两个重要的音乐才能发育期:一是学前的2~6岁,另一个是学生期的12~15岁。由此可见,音乐作为幼儿的一种启蒙培养,在婴儿降生后即可着手进行。音乐游戏,则是幼儿启蒙教育中的一个重要手段。这一节,我们学习利用音乐手段进行的游戏。

一、幼儿音乐游戏的类型

(一)音乐听觉游戏

虽然听觉与生俱来,但音乐听觉却绝非天生就有。音乐的听觉能力指通过辨别、感知、领会、想象、思考音乐艺术形象及其内涵的能力。发展音乐听觉的游戏,就是让幼儿用耳朵充分欣赏自然产生的和人创造的各种音响效果,从音响的旋律、音乐、节奏等方面"触摸"音乐语言,感受音响之美。

(二)节奏游戏

节奏能力的培养可结合各种音乐形式进行,包括说、唱、律动、舞蹈、器乐等。

(三)歌唱游戏

歌唱游戏旨在通过游戏让幼儿享受唱歌的乐趣,培养音乐感受力,发展幼儿运用嗓音进行艺术表现的能力。

(四)舞蹈游戏

幼儿舞蹈游戏主要是发掘幼儿喜形于色、笑逐颜开、手舞足蹈的本领,提高幼儿身体动作的协调性,发展想象力和动作表现力,为幼儿今后形成良好的艺术气质打下基础。

二、幼儿音乐游戏的具体方法

(一)利用柯尔文手势进行(柯达伊教学法)

(二)利用奥尔夫乐器

(三)感受固定节拍

教学中出现的有规律的律动,可以刺激幼儿体验固定节拍,为以后学习节奏打下基础,可通过游戏的活动使幼儿加强有规律运动的感觉。例如:

大拇指

1=D 或 1=E 2/4

1 1 | 3.3 | 2 3 | 1 — | 1 1 | 1 1 | 3.3 | 2 2 | 2 3 | 1 — ‖

大拇 指呀 向上 翘, 我的 大拇 指呀,它要 往上 翘。

歌唱时,幼儿的一只手握住另一只手的拇指,边唱边持续。而有规律地向上交互移动两手,使幼儿通过身体,感受到持续、稳定的律动。这首歌曲还可以两个或两个以上小朋友进行合作,进一步加深幼儿对固定节拍的感受力,培养幼儿协调配合的能力,并潜移默化地培养幼儿的集体观念。

(四)训练节奏感

幼儿能够独立、自信地伴随歌曲或歌谣表演出稳定的固定节拍后,就能够意识到节奏了,我们在节奏教学中,采取了这样的方法。

1. 培养节奏感

从语言节奏、动作节奏中培养节奏感,在此基础上识别节奏。仔细留心生活,生活中一句或半句稍带感情色彩的话,蕴含着复杂丰富的节奏类型。例如:

(1)教师叫幼儿的名字:　　(2)幼儿撒娇时:

| 5 5 | 5 5 | 5 |　　　　　| 5 . | 5 . 5 |

　王东　刘小　彤　　　　　　　妈妈　妈妈

　∨　∨　∨　(节拍)　　　　　／∨　∨　(节拍)

(3)幼儿不愿意时:　　　　(4)叠词形容词:

| 5 　5　5 |　　　　　　　| 5 5 　5 |

　我　不　嘛　　　　　　　甜甜　的(或酸酸的)

　＼　∧　／　(节拍)　　　　＼∨／　(节拍)

教师可以"走路"为题启发幼儿观察生活:

幼儿答案	拟声	教师总结	乐谱
大象慢慢地、稳稳地、一步一步地走路	Ta—a、Ta—a	W W	5— 5—
小狗又快又稳地走路	TaTaTaTa	VVVV	5555
我走路一会儿跑，一会儿跳	TaTa TiTi TiTi	\/\ \/\	5 5 55 55

2.多声部节奏练习

低龄幼儿喜欢形象鲜明、节奏明快的儿歌。通过《小羊过生日》的游戏，让幼儿对5种基本节奏型灵活运用：

55 | 5 55 | 55 5 | 55 55 | 5— |

在活动过程中，让幼儿分别扮演各角色，要求互相配合，协调统一，形成多层次的效果。教师边出示节奏卡片，边读儿歌：

(师)蓝天白云飘，天气真正好，小羊过生日，请来了小花猫。
(生)55　5 | 55　5 |
　　喵喵 喵　喵喵 喵　　小羊哥哥好！

(师)请来了小公鸡。
(生)5　55 | 5　55 |
　　叽 叽叽 叽 叽叽　小鸡笑嘻嘻！

(师)请来了小花鸭。
(生)5　5 | 5　5 |
　　呷 呷　呷 呷(或嘎嘎嘎嘎)小鸭笑哈哈！

(师)请来了小青蛙。
(生)55　55 | 55　55 |
　　呱呱 呱呱　呱呱 呱呱　青蛙乐开了花！

(师生)团结友爱亲又亲，大家乐哈哈！

55　5 | 55　5 |
喵喵 喵　喵喵 喵
5　55 | 5　55 |
叽 叽叽 叽 叽叽
5　5 | 5　5 |
呷 呷　呷 呷
55　55 | 55　55 |
呱呱 呱呱　呱呱 呱呱
5　— | 5　— |
哗　　　哗
　　　　　(注：分角色同时发声，形成五声部)

在教学中，通过朗读或拍击形象化的固定节奏型，提高了幼儿的学习兴趣，加深了对节奏型的印象，加强了节奏的对比，收到了较好的教学效果。

(五)学习休止拍

具体形象性是幼儿的思维特点。在休止拍的学习中，假如单纯让幼儿空一拍或半拍，对于小中班的幼儿来说很难准确把握。如果在休止拍处由幼儿自己设计各种动作或特别的声音,与有声处形成对比,那么这种抽象复杂的音乐概念就变为了具体形象的知识,幼儿便在轻松愉快的环境中理解和掌握了。例如:

萝卜谣

2/4　　　　　　　　　　　　　　　　　　(注意休息)

5　55 | 5　55 | 5　5 | 5　0 :||
拔　萝卜　拔　萝卜　拔　拔　拔(擦汗)
切　萝卜　切　萝卜　切　切　切(擦汗)
炒　萝卜　炒　萝卜　炒　炒　炒(擦汗)
吃　萝卜　吃　萝卜　吃　吃　吃(擦嘴)

(注:休止符的安排:在读"擦汗"、"擦嘴"时,可快速做出相应动作。)

(六)识别力度和音色

在这里,举两个游戏来说明在教学中如何培养幼儿对力度和音色的识别。

1.识别力度

引导幼儿在游戏活动中通过听辨声音强弱找到玩具。例如,幼儿围成圆圈坐下,请一幼儿做猜者,把玩具藏在一幼儿手里,游戏开始。集体边拍边唱,猜者离玩具越近,拍手声和歌唱声越强,反之,声音则越弱,一直到猜中为止,如果两次找不到玩具,猜玩具的幼儿表演节目。还可以配上歌曲《可爱的玩具》。

可爱的玩具

1=F　　4/4

1　11　1　11 | 3　55　3　1 | 2　22　2　22 |
哪里有　哪里有　可爱的　玩具,哪里有　哪里有

7　22　7　5 | 1　11　1　11 | 3　55　3　1 |
可爱的　玩　具,哪里有　哪里有　可爱的　玩具,

5　5　55 | 1 — 0 ||
请你找一找。　　(注:尝试做游戏)

2.识别音色

引导幼儿在游戏活动中区别不同人声和打击乐器的音色特点。例如,教师让幼儿有节奏地朗诵《一个是巨人》,然后,交换不同音色朗诵:第一句低沉深厚,第二句明亮柔和,第三句尖细颤抖,第四句清脆富有弹性。接着要求边朗诵边随节奏声伴奏:第一句猫腰跺脚,第二句捻指举过头顶,第三句蹲下拍腿,第四句双脚蹦跳。最后四个幼儿每人拿一件打击乐器仍按朗诵节奏敲打:第一句用手敲鼓,第二句用铃鼓敲,第三句用沙锤摇,第四句用棒子敲。通过这样的活动,使幼儿感受到在音乐中不同音色的使用对于塑造不同艺术形象的意义。

一个是巨人

4/4

55　55　555　55 | 55　55　555　55 |
一是一个　跺脚的　巨人,二是一个　美丽的　仙女,

55　55　555　55 | 55　55　555　55 ||
三是一个　蜷缩的　老鼠,四是一个　蹦跳的　皮球。

(七)感受乐句

激发幼儿的学习兴趣,除了生动的教学形式本身,合理利用每天的零碎时间(如一日三餐之前,午休起床之后等)安排一些小型的音乐游戏,也给幼儿们的学习增添无穷的趣味。例如,《三条鱼》的音乐游戏,教师边唱边以一个乐句为单位,用右手自左向右划弧线,速度要慢。然后要求幼儿跟着一起做,培养幼儿的乐句感觉。

三条鱼

1=D　　2/4

3　21　|　1—　|　5　56　|　5—　|　66　53　|　2　23　|　1—　:||

一条　　鱼　水里　游,孤孤单单　在发　愁。
两条　　鱼　水里　游,摇摇尾巴　点点　头。
三条　　鱼　水里　游,快快乐乐　做朋　友。

(八)培养内心听觉

听觉训练的一个重要内容是内心听觉的培养,我们在教学中采纳此游戏方式锻炼儿童的音乐技艺和内心听觉判断能力。

1. 猜谜游戏

(1)教师用响棒敲击幼儿熟悉的并有特色的歌谣节奏,让幼儿听辨是哪首歌谣,然后集体朗诵,例如,教师敲击这样的节奏:55　55 | 55　5 | 55　55 | 555 | 555 | 55　5 | 55　55 | 55　5 ||(注:拍打节奏)这时,幼儿会注意倾听,利用内心听觉在他们的音乐记忆中进行搜寻、筛选,找出与其节奏相应的歌谣。

55　55　| 55 5　| 55　55　| 55 5　| 55　5　| 55　5　| 55　55　| 55　5 ||
叽里咕噜是个啥?它在炉子后面爬,不是蟹,不是虾,叽里咕噜　是个　啥?

(2)教师哼唱或在琴上奏出幼儿已经会唱的歌曲或片断,要求幼儿辨认它们的内容。如教师用单音("噜"或"啊"或"啦")唱出歌曲的旋律,并用手势在空中划出音的高低变化。

1=D　　2/4

3 3　2 | 3 3　2 | 3 5　5 1 | 2— | 3 3 2 | 3 3 2 | 3 5 3 1 | 2 3 | 1— ||
春天来,春天来,花儿朵朵　开,红花开,白花开,蜜蜂　蝴蝶　都飞　来。

2. 藏猫游戏

选择一首幼儿已熟悉的歌曲,在歌唱中间教师给出一种信号,例如,挥动小红旗时,幼儿就停止出声,在内心继续唱歌,即把歌曲"藏起来"了,直到教师挥动小绿旗时再出声歌唱。做这样的游戏,不仅需要幼儿注意力高度集中,而且有均匀的节拍感觉,以及稳定、速度和音高保持等许多内心感觉。例如:

鞋子也会踏踏响

1=C　　4/4

1　12　3　0 | 5　56　50 | 3　32　1　12 | 3　21　20 |
穿上鞋,　手拉手,　我们朝着　野外　走。(挥红旗)

```
3  35  6  0 | i 6i  5 0 | 6. 65  35  0 | 6  6  6 0 |
学 小 鸟，  高 声 唱， 鞋 子 也 会  踏 踏 响。（挥绿旗）
i  —  6 i | 5  65  3 1 | 3  21  2.  5 | 5  —  —  0 |
晴    朗 的 天 空 下 面， 我 们 真 高 兴，
i  —  6 i | 5  65  3 1 | 2  12  3   2 | 1  —  —  0 ||
晴    朗 的 天 空 下 面， 鞋 子   踏 踏 响。
```

（九）多声部听觉和多声部协调配合能力

多声部听觉和多声部协调配合能力是音乐教育中非常重要的学习内容。我们在实践中要根据幼儿的心理特征培养幼儿的这种能力。通过这种练习不但提高了幼儿的听觉能力、丰富了歌谣的表现手段和表现力，同时为幼儿演唱多声部歌曲、演奏多声部乐曲打下了坚实的基础。例如：

正月里

```
2/4
55  5 | 55  5 | 55  5 | 55  5 |
正月 里， 好热 闹， 村子 里， 踩高 跷，
55  55 | 55  5 | 55  55 | 55  5 |
叔叔 扮个 猪八 戒， 腿儿 长长 个子 高，
55  5 | 55  5 | 55  55 | 55  5 |
走一 步， 摇一 摇 ， 摇来 摇去 摔不 倒，
55  5 | 55  5 | 55  55 | 55  5 ||
爷爷 乐， 妈妈 笑， 小娃 娃们 追着 跑。
```

待幼儿熟悉此歌谣后，将幼儿分成两组，一组口读手拍歌谣，一组用 555　55 | 55　5 :|| (咚咚咚　咚咚　咚咚　呛) 的节奏来伴奏，构成欢乐愉快的气氛，锻炼了幼儿互相倾听、协调合作的能力。

在教学中，我们可启发幼儿即兴创编节奏进行伴奏，充分发挥幼儿主观的能动性，提高学习兴趣。如：

```
55  5 | 55 55  5 :||
咚咚 呛   哈哈哈哈 哈
55  5 | 5  55 :||
咚咚 呛   咚 咚呛
```

（十）激发即兴创作

一切对人的培养都是为了创造。在教学中，我们特别强调即兴创造，让幼儿有机会即兴唱、即兴跳、即兴演奏、即兴作曲等，培养他们的创作欲望。

1. 创编歌词

为了满足幼儿的求知欲和表达音乐的欲望，我们引导幼儿根据自己的经验对歌曲的

歌词进行创编,并鼓励幼儿相互比一比,看谁想得多,编得好。例如:

秋天

1=C   2/4

5 36 | 5 31 | 22 44 | 33 5 |

秋　天呀,秋　天呀,树叶　到处　飞呀　飞,

22 44 | 32 1 | 5 36 | 5 31 | 24 32 | 1 — ||

树叶　到处　飞呀飞,秋　天呀,秋　天呀,秋天　多可　爱。

在这种活动中,幼儿思维活跃,情绪高涨,创编了如夏天、春天、冬天、月亮、露珠、荷花、彩虹、星星、泉水等内容丰富的歌词,而且每个幼儿都争相演唱自己创作的歌曲并为之感到骄傲。

2. 即兴表演

每个幼儿手拿一只高筒袜,让幼儿根据歌曲的旋律即兴动作,如用"弹拨"的方式表现对乐曲的感受,或两人合作划出歌曲的节拍等。幼儿间相互默契配合,使听觉、动觉、视觉同时并用,让流动的节奏、活的旋律更富有立体美感。

在这样的活动中,每个幼儿都充分发挥了自己的想象力,表现了各种动作及多变的造型。幼儿在节奏活动中自己学习、自己理解、自己创造。

第七节　亲子游戏

婴儿最初的游戏是亲子性的。当成年人向婴儿微笑、用手指逗弄婴儿或与婴儿谈话时,亲子间的交流游戏就自然而然地开始了。

一、概念解析

什么是亲子游戏?

亲子游戏是在家庭中共同度过闲暇时间的一种交往手段,它是家庭内成人与幼儿交往的重要方式,也是衡量这种交往质量的重要指标。

这是我们给亲子游戏限定的比较完善的范畴。通过亲子游戏,亲子间加强了交流,增进了亲密性,并且促进了幼儿认知、情绪、社会性的发展。近年来,大量的事实又证明,游戏也有治疗作用,可以通过亲子游戏,使幼儿和老人在动作上得到锻炼和康复,在心理疾病上得到治疗。

著名幼儿教育专家陈帼眉教授说过:家长对幼儿的教育,第一是培养良好的生活习惯,第二就是跟幼儿做亲子游戏。现在很多人都开始重视亲子游戏,这是非常好的现象,但社会上对亲子游戏的认识也存在误区。

二、亲子游戏的特点

从广义上讲,家长和幼儿之间相互配合交流的活动都可以看做是亲子游戏,而科学的亲子游戏应该具备以下特点:

(一)能够启发幼儿的智慧

这就要求游戏活动既能够利用和发挥幼儿现有的能力,又能够引导和发展他们新的能力。

(二)家长要能和幼儿平等地参与到游戏当中

做亲子游戏不是上课,家长不能高高在上指手画脚,而应该是游戏的参与者,并且跟幼儿处于平等的地位。

(三)游戏的形式应该注重相互配合,家长能自然而然地引发幼儿智能的发展

设计的游戏应让幼儿主动寻求家长的配合,这样家长就能顺理成章地教给幼儿一些知识和技巧。

(四)游戏的整个过程要能够给幼儿和家长双方都带来乐趣

要让幼儿在游戏中体会到创造和成功的快乐,而家长则能够体会到亲子交流的幸福。

只有特定的亲子游戏才适合于进行比赛,家长应学会更多的游戏,并将具有特定功能的亲子游戏同日常的育儿生活互相交融起来,这样就可以在丰富而快乐的育儿生活中,使幼儿的潜能不断地开发出来。

三、亲子游戏在幼儿游戏发生发展过程中的地位与作用

亲子游戏是幼儿游戏的一种重要形式,在幼儿游戏的发生、发展过程中占有重要的地位。

(一)亲子游戏的发生发展

婴儿一生下来就不是单纯的生物学意义上的人,而是一个社会学意义上的人,处于人所特有的社会文化环境中。在这样一个环境中,成人,尤其是父母或婴儿的看护者,是影响婴儿生活与发展的重要因素。他们不仅仅是婴儿日常生活的主要照料者——给婴儿喂奶、换尿布、满足婴儿的各种生理需要,而且还是他们直接接触与交往的最早的对象。在这种接触与交往的过程中,发生了最早的亲子游戏。

当母亲给婴儿喂奶、换尿布时,我们可以看到,母亲往往会跟婴儿说话、微笑,甚至

模仿婴儿的一些动作(吐舌头、抓挠等),而不在乎婴儿是否能懂得自己的话。大约在三个月的时候(这个时间不是绝对的),母亲的这种热情有了回报。当母亲低下头来,轻轻跟婴儿说话的时候,婴儿的小脸明显地有了表情,他(她)在朝妈妈微笑。当母亲模仿他(她)的吐舌头动作时,他(她)也会跟着再吐舌头。婴儿欢乐的表情与动作,激起了母亲与之交往、嬉戏的更大热情。这种直接的交互模仿活动,正是最早的亲子游戏出现的迹象。以后,这种开始以成年人发起的游戏逐渐演变成由婴儿发起的游戏——最初的交互模仿活动。

除了这种以视线交流、动作、表情和声音为媒介的直接的交互模仿活动之外,成人与幼儿的游戏还往往借助于玩具和游戏材料来进行,这就是早期亲子游戏的另一种形式——以物为中介的协调活动(也叫以物为中介的协同活动)。

随着幼儿的发展,亲子游戏也逐渐复杂,幼儿的主动性增强,并且陆续出现结构游戏、语言游戏、角色游戏等高级游戏形式。因此,从这时起,我们就可以把亲子游戏划分为两种性质不同的类型:

1. 嬉戏性游戏

如胳膊举高高的、藏找、追跑等。这类游戏以触觉、肢体运动为中心,目的在于情感上的交流和情绪上"快乐"的满足,带有浓厚的"亲情"性质。

2. 教学性质游戏

如利用扑克牌教幼儿认数、计算的游戏(接龙、猜谜等)。在这类游戏中,成人往往试图去教给幼儿某种知识、技能或解决问题的策略等。这可以说是一种带有社会文化内容的游戏。

研究表明,父亲往往倾向于与幼儿玩第一种性质的游戏,而母亲往往倾向于和幼儿玩第二种性质的游戏。

(二)亲子游戏的价值与意义

亲子游戏不同于幼儿独自游戏和伙伴游戏的地方在于卷入了"成人"这样一个既不同于物又不同于同龄伙伴的交往对象。成人在亲子游戏中和幼儿结成了两种关系:一种是横向的、对等的玩伴关系;另一种是纵向的、不对等的应求关系。这两种关系使亲子游戏具有以下两种价值,这两种价值,正是亲子游戏的价值根源所在。

1. 情感性价值

为了共同的游戏和嬉乐的需要,成人与幼儿在游戏中结成了横向的、对等的玩伴关系。由于这种关系以共同生活中积累起来的亲子感情作为基础,因此使得这种游戏带有明显的"亲情"性质,表现出在游戏过程中有较多的身体接触与视线交流,以及无拘束地笑。这一点使得亲子游戏不同于成人与幼儿游戏的另一种类型——师生游戏。

由于亲子游戏以亲子之间平等的玩伴关系为基础,因此,亲子游戏又能够进一步促进亲子关系的发展,密切与加强亲子之间的情感联系。

亲子依恋是在父母与子女之间形成的双向情感联系,亲子之间的感情虽然有先天的血缘关系作为基础,但是后天的共同生活是这种感情发展壮大的土壤。母爱或父爱都需要后天的培育。"一分辛苦一分爱",当父母看到幼儿能回应自己发出的游戏信号,和自己一起游戏时,会感到莫大的喜悦与安慰,忘却育儿的辛劳和烦恼。而子女对父母依恋的形成,不仅需要父母能够及时满足他们的生理需要,也需要与父母交往与交流,幼儿可以感到父母的爱与关注,从而进一步强化与父母的情感联系(没有或失掉父母的关注都会引起幼儿心理的负面影响,如心理疾病的产生等)。

2. 发展性价值

成人是成熟的社会成员,具有丰富的社会生活知识、经验。事实上,他们不仅是幼儿的玩伴,还是幼儿的保护者、教育者。他们在和幼儿游戏的过程中,自觉或不自觉地教会幼儿一些知识、经验、想法,"寓教育于游戏之中"。因此,除了对等的玩伴关系外,成人和幼儿在游戏过程中还结成了纵向的不对等的应求关系。由于这种关系的存在,使亲子游戏具有明显的发展性特点。这种发展性主要表现在以下几个方面:

(1)幼儿在亲子游戏中所获得的知识、经验和技能往往比在独自游戏和伙伴游戏中获得的知识、经验和技能更丰富,有益于认知发展。

(2)4岁以前,当幼儿与同龄伙伴一起游戏时,往往更多出现的是独自游戏和平行游戏。但是,在亲子游戏中,由于有成人的引导与帮助,幼儿能够很好地承担游戏合作者的角色。

(3)在亲子游戏过程中卷入了大量的语言交往,因此,有助于幼儿语言的发展。

(4)亲子游戏有助于亲子间安全依恋的形成。

(5)成人能够敏感地感知到幼儿对游戏方式的情绪与体力反应,采取适合于幼儿发展水平与能力的方式来调整游戏,使游戏有利于幼儿的安全、健康与发展。

(6)亲子游戏不仅有益于亲子间的感情交流,密切亲子关系,促进幼儿的发展,而且,对于幼儿的实物游戏和伙伴游戏也具有重要的促进和影响作用。

幼儿将亲子游戏中获得的对待物体的态度、方式方法以及人际交往的态度、方式方法迁移到幼儿的实物游戏和伙伴游戏中去。反过来,幼儿在实物游戏和伙伴游戏中获得的经验又会进一步丰富亲子游戏的内容。

四、指导亲子活动的具体形式

幼儿园对家庭亲子活动的指导形式可以分为:集体亲子游戏、教育讲座沙龙、幼儿教育咨询、家庭亲子游戏、提供亲子活动方法等。

集体亲子游戏从结构上可以分为:游戏型、竞赛型、综合型、游艺型、操作型等。从内容上可以分为:体育游戏、音乐游戏、美工游戏、语言游戏、认知游戏等。

附

婴儿被动操(2~6个月婴儿,5分钟,动作要轻柔)

第一节:扩胸运动(二八拍)

1. 两臂左右分开,手心向上,手背贴在桌面上。
2. 使婴儿两臂在胸前交叉。
3. 重复1。

4.重复2。

第二节:伸展运动(二八拍)

1.两臂前平举,掌心相对。
2.轻拉婴儿两臂向两侧斜上举,手背贴在桌面上。
3.重复1。
4.还原成预备姿势。

第三节:屈腿运动(二八拍)

1.使婴儿两腿同时屈至腹部。
2.还原成预备姿势。
3.重复1。
4.还原。

第四节:两腿上举运动(二八拍)

1.将婴儿两腿向前上方举起,与腹部成直角。
2.还原。
3.重复1。
4.重复2。

第五节:肩绕环运动(二八拍)

1.握婴儿两臂,以肩关节为轴心,使两臂由胸前向上,向外侧轻轻环绕一圈,回到预备姿势。
2.相反方向绕环一周。
3.重复1(注意拉力不要过大)。
4.重复2。

第六节:后屈运动(二八拍)

1.轻轻提起婴儿双腿,只抬高下肢,胸部不得离开桌面,还原。
2.轻轻握住婴儿两肘,使上体抬高,腹部不得离开桌面,还原。
3.重复1。
4.重复2。

第七节:翻身运动(二八拍)

1.一手握婴儿两脚腕,另一手托婴儿背,帮助婴儿翻身趴下,并使婴儿的头、肩稍抬起。
2.换一只手握婴儿脚腕,另一只手插到婴儿胸下,帮助婴儿将身体翻转过来仰卧。
3.重复1,但为反方向。
4.重复2,但为反方向,亦可连续一个方向两次后再重复。

第八节:整理运动

扶婴儿两臂轻轻活动,再扶小腿轻轻摇动,或让婴儿仰卧在桌上自由活动数分钟,使肌肉及精神渐渐放松。
整个婴儿操做5分钟,动作要轻柔。

模仿操

1.小鸟
小鸟小鸟起得早,拍拍翅膀把虫找。左边看一看,右边看一看,尖嘴敲一敲,小爪刨一刨,吃饱了肚子哈哈笑。小鸟高兴得跳呀跳。

2.天天做操身体好

早上空气真正好,我们大家来做操,伸伸腰,伸伸臂,弯弯腰,弯弯腰,踢踢腿,踢踢腿,蹦蹦跳,蹦蹦跳,天天做操身体好。

小班亲子活动方案

一、律动嘣嚓嚓

1.小花狗　2.走线(音乐自己找)

二、亲子小魔方

幼儿马上进入幼儿园了,要过集体生活,作为家长应做好以下准备工作:

1.了解幼儿园的教学形式,帮助幼儿熟悉幼儿园的教师和环境;

2.多带幼儿外出和同伴交往,增强幼儿对集体生活的渴望;

3.入园前家长应多和幼儿谈谈上幼儿园的乐趣,激发幼儿上幼儿园的欲望,让幼儿顺利度过分离焦虑期。

三、情感对对碰

"点名游戏"出示玩具 BO BO,请幼儿和 BO BO 顶顶牛后,让妈妈抱起幼儿有节奏地摆动:大家/好——/我叫/BO BO/。大家一起说:欢迎/你——/欢迎/你——/。依次请幼儿介绍自己的名字。

四、探险动动动

运苹果(海洋球若干,盆子若干)

目的:增强四肢的协调性和平衡性

玩法:幼儿自然将"苹果"送到篮子里

五、聪明转转转

名称:舀豆子

目标:培养幼儿手眼协调性、专注力、手指的灵活性。

玩法:1.介绍教具　2.教师示范　3.幼儿操作

六、奥尔夫音乐游戏

名称:《世上只有妈妈好》

目标:幼儿坐在妈妈的腿上一起随音乐摆动,然后请幼儿站起来,走到妈妈的身后,给妈妈捶背。

七、剧场哈哈笑

名称:彩虹伞——铺伞,抖伞

目标:培养幼儿团结合作的能力,增加平衡感和视觉变化。

五、幼儿园亲子游戏活动方案

(一)亲子游戏——快乐高尔夫

目的:培养幼儿手眼及动作的协调能力

准备:高尔夫球杆——将旧挂历纸卷成长纸棍,在纸棍一端10厘米处折角并固定

高尔夫球——将废报纸揉成纸球,外面用胶带固定

球洞——找一个纸盒贴在墙角处,使盒口朝外

玩法:爸爸妈妈和幼儿每人各拿一根球杆,一个球,先将球击入洞中者获胜

(二)亲子游戏——捕小鸟

发展能力:促进大运动技能的发展,锻炼反应能力和判断能力,增进亲子感情

游戏方法:

(1)在公园中树木成林的地方,让我们停下来和幼儿做个游戏吧;

(2)妈妈和幼儿扮演小鸟,模仿小鸟在空中飞行,边飞行边说儿歌:

小鸟小鸟天上飞,高高兴兴飞呀飞,

飞到东来飞到西,快快乐乐飞呀飞。

突然来了一张网,小鸟小鸟快快藏。

(3)说儿歌的时候,妈妈和幼儿模仿小鸟在林中飞行,爸爸扮作的捕网悄悄地躲在一旁,当儿歌说完最后一个字时,爸爸马上从一旁扑出来,张开双臂扮作捕网去抓小鸟,小鸟只要马上抱住身边的任意一棵树即可安全。

(4)反复游戏,中间可以交换角色

注意事项:幼儿扮作捕网时,爸爸妈妈可以适当地被幼儿抓住,调动幼儿的游戏兴趣,让幼儿体验成功。

第八节 民间游戏

一、什么是民间游戏

在民间各地流传着许多具有浓厚生活气息、风格各异的游戏,这就是所谓的民间游戏,它们在许多人的脑海中留下了属于童年的美好记忆。民间游戏具有浓厚的区域文化气息,玩法简单易学,趣味性强,材料简便,不受人数、场地、环境限制,需要我们去传承。

民间游戏是指流传于广大民众生活中的嬉戏娱乐活动,俗称"玩耍",主要流行于少年儿童中间和节日里成年人的娱乐节目之中。有些游戏项目在发展中逐渐完备,最后形成了竞技项目或杂技艺术。生动有趣、没有功利色彩的民间游戏和竞技活动,每个炎黄子孙都会感到亲切。这种亲切感总是与朗朗的笑声和浓浓的乡情融在一起的。不论是斗百草、放风筝、骑竹马、荡秋千、捉迷藏、斗蟋蟀,还是跳房、跳百索、拔河、赛龙舟、摔跤、下土棋等,几乎每个炎黄子孙都会津津乐道地说出许多。

二、民间游戏的特点

(一)游戏过程的趣味性

民间游戏能够代代流传是因为其具有极强的趣味性,符合幼儿好奇、好动的特点。例如,跳皮筋可以边说儿歌边跳,玩法上可以从一根到两根、三根。再如摔烟纸盒,其中好看的图案、扇的动作和纸盒摔在地上发出的声音都给幼儿带来了乐趣。

(二)游戏开展的随意性

从游戏的组织和取材角度来说,民间游戏具有一定的规则,但又具有随意性。一些游戏可以就地取材,找一些木棍、石子、叶子,就可以开始游戏,如利用石子或果核,按不同的图形玩"走子"游戏。

(三)游戏材料的简便性

(四)参与人员的普遍性

三、民间游戏的作用

(1)民间游戏可以促进幼儿身体的发展。
(2)民间游戏可以促进幼儿社会性和个性的发展。

(3)民间游戏活动可以促进幼儿的综合感知能力。
(4)游戏锻炼了幼儿的意志。
(5)民间游戏与课程整合,拓展了幼儿的生活空间和学习空间。
(6)民间游戏有助于幼儿园、家庭、社区的多向交流。
(7)传承了传统民族文化。

四、幼儿民间游戏的价值

由于幼儿民间游戏的上述特点,使得它在幼儿园教育教学和管理中具有两方面的价值及功能。既有助于促进幼儿的发展,又有助于幼儿园的教育管理。

(一)幼儿民间游戏促进幼儿发展的价值

1. 幼儿民间游戏有助于幼儿身体的发展

幼儿民间游戏可以较好地发展幼儿的基本动作,为提高幼儿的运动能力奠定良好的基础。发展幼儿走、跑、跳、钻等基本动作,需要经过大量的反复练习才能收到效果,如果只机械地反复让幼儿做这些动作,不能引起幼儿的兴趣,也无法调动其积极性,这样,练习的效果就会受到影响。在搜集到的民间游戏中,大部分游戏都有助于发展幼儿的基本动作。由于幼儿民间游戏具有浓厚的趣味性,因此能引发幼儿参加游戏的欲望,吸引他们积极主动地参加游戏。在民间游戏中,有简单的角色、情节和简易的玩具材料,这能使幼儿在游戏中情绪积极高涨,乐而不厌。经常开展这些游戏,反复练习,使幼儿在游戏中完成了体育锻炼的要求,达到增强幼儿体质、发展幼儿基本动作的目的。

由于民间游戏的开展具有较强的灵活性和随机性,因此它不会受时间和空间等因素的限制。目前,对于幼儿园来说,要做到确保幼儿每天有足够的户外活动时间,具有较大的困难。例如,幼儿园园舍及场地窄小,教育经费紧缺,体育活动设施及玩具价格不断上涨等因素带来的种种困难,使幼儿的活动时间不能保证,影响了幼儿的身体发展。如果仅依靠体育活动来完成锻炼幼儿身体的任务是远远不够的。民间游戏的灵活性及随机性,使幼儿能利用点滴时间和有限空间开展活动,从而保证了幼儿活动的总量。

幼儿民间游戏中,既有促进小肌肉发展的游戏,如"弹蚕豆"、"买买肉"等;也有发展幼儿大肌肉动作的游戏,如"跳格格"、"城门几丈高"、"新娘坐轿"等。还有一些游戏可以帮助发展幼儿动作的协调性、敏捷性和平衡能力。

从1996年开始,周浦镇澧溪幼儿园就在教育、教学中开展系统的民间游戏教育,第二年,通过该园幼儿与其他幼儿园幼儿的对比调查发现,澧溪幼儿园的幼儿在走、自然跑、连续跳、钻和平衡方面的发展,明显地优于其他幼儿园同年龄的儿童。

2. 幼儿民间游戏有助于幼儿认知的发展

幼儿民间游戏可以丰富幼儿自然、社会方面的知识,扩大其知识面。大多数幼儿民间游戏都配有童谣和儿歌,这些童谣和儿歌中包含着许多关于自然和社会的知识,如《荷花荷花几时开》等。当然,民间游戏的儿歌中也存在着不少迷信的、过时的、不正确的知识,这需要予以筛选和改编。通过对挖掘、搜集到的游戏童谣和儿歌加以改编,赋予其时代的新内容,使幼儿们在玩乐中接受新知识,吸取新信息。如"骑铁马"这则游戏,就可以把城市所发生的巨大变化嵌入儿歌中。

幼儿民间游戏对于发展幼儿的口头语言表达能力具有特殊的价值,尤其是小班的幼儿。首先，对于小班的幼儿来说，不仅仅是要提高他们的口头表达能力，更重要的还在于说话胆量的锻炼。在民间游戏中，幼儿处于放松状态，心理上没有压力，可以大胆地说话；同时在游戏过程中，作为游戏伙伴的教师对幼儿所提出的要求，幼儿也会乐于接受，很快就会变得敢于说话。其次，在民间游戏中，有丰富的"说"的材料，可以使幼儿有说的内容，有想说的愿望，变"要我说"为"我要说"，这就大大提高了幼儿口语发展的速度和效率。此外，幼儿民间游戏还可以发展幼儿的思维、想象、记忆、判断等能力。

3. 幼儿民间游戏有助于幼儿社会性的发展

把民间游戏引入幼儿园教育中，对幼儿的社会性发展具有很大的促进作用，主要表现为：幼儿自然的游戏伙伴关系有助于其社会性的发展。幼儿民间游戏中，一般都需要若干名幼儿共同合作才能进行。如"推小车"（2人）、"炒黄豆"（2人）、"拍大麦"（2人）、"城门几丈高"（集体游戏）等。在游戏中，幼儿之间的言语交往随时进行，它促进了幼儿社会性语言的运用。民间游戏中也有约定俗成的游戏规则，幼儿在游戏中必须遵守这些规则，才能使游戏进行下去。富有乐趣的民间游戏对幼儿具有很大的诱惑力，这会促使幼儿控制自己的行为，遵守游戏规则。在这个过程中，幼儿会遇到许多问题。如人数或多或少了、玩具不够了、大家对游戏规则的理解不一致等。通过游戏伙伴的相互模仿、相互协调，幼儿学会了遵守规则，与他人友好相处；学会了自己解决人际矛盾及控制自己的情绪和行为。在游戏中，每个幼儿都不断地更换角色。游戏伙伴中会很自然地产生"领袖"，这些"领袖"也会很自然地被淘汰，这可以培养幼儿的责任感和组织能力，同时教育了幼儿要平等待人，树立团结协作的意识，克服任性、娇惯、唯我独尊等不良习气。

4. 幼儿民间游戏有助于幼儿良好个性及意志品质的发展

民间游戏的一个很重要的特点就是娱乐性，幼儿在游戏中享有充分的自由，没有任何人干预，自娱自乐；幼儿的情绪是放松的，没有心理压力。民间游戏也带有竞争性，当幼儿在游戏中获胜，则能体验到成功的喜悦，使他们的心理得到极大的满足，从而增加了自信心和成就感。同时在游戏中，幼儿也会面临失败，这会使幼儿产生挫折感，但有趣的民间游戏又吸引着幼儿，使他们能忍受遇到的挫折，克服自身的弱点，继续参加游戏。在这个过程中，幼儿承受挫折的能力及活泼开朗的性格得到培养。在游戏中，为了使游戏顺利地进行下去，参加游戏的每一个幼儿都必须遵守游戏规则，这需要幼儿学会自我控制。在游戏角色的分配上，幼儿也在学习着控制自己的喜好和行为。因此，幼儿民间游戏有助于培养幼儿良好的意志品质。

（二）幼儿民间游戏在幼儿园管理中的价值

在幼儿园中运用民间游戏来进行教育、教学活动，不仅有助于幼儿的发展，还有利于幼儿园的管理，这主要表现在以下几个方面。

1. 有利于"勤俭办园"

目前，对于郊区和农村的幼儿园来说，"勤俭办园"仍然是十分需要的。开展幼儿民间游戏，有助于缓解目前园舍、场地窄小及幼教经费紧缺不足的矛盾。幼儿民间游戏灵活、自由度大，一般不受时间、空间等条件的限制，所需要的玩具材料也简便，可以发动本园教师自制玩具。如澧溪幼儿园的教师在实践研究中,在一年多的时间里,利用课余时间制作了58种共910件玩具,为全园节约了一大笔经费。

2. 有助于合理地安排幼儿一日活动

幼儿园一日活动包括许多环节,从来园到离园,主要有来园体育锻炼、作业、游戏、进餐、午睡和离园。在安排的一日活动中,有两个问题需要很好地解决,一是活动内容上需要动静交替,二是环节的过渡要自然,减少幼儿的等待时间。幼儿民间游戏的种类非常丰富,有运动量较大的"木头散窝"、"猫捉老鼠几更天",也有比较安静的"嫡嫡肉、买买肉"、"拍大麦"等,可供教师选择。在体育教学活动中,可以选择一些能促进幼儿大肌肉发展的民间游戏,例如"猫捉老鼠几更天"、"荷花荷花几时开"等。在户外小型分散活动中,一般可以安排一些活动量适宜,或可以培养幼儿交往、合作精神的民间游戏,如"跳皮筋"、"炒黄豆"、"跳格格"等。来园是幼儿愉快地开始一天生活的关键,为丰富活动角的内容,可以适当地选择一些发展小肌肉群或手眼协调能力的民间游戏,如"挑棍"、"弹蚕豆"、"烟盒三角块"、"抓籽"等。一日活动中有许多零散时间,如幼儿来园后、离园前、饭后等环节过渡时,可以选择一些不受时间、场地限制,玩具携带方便、容易收拢的民间游戏,如"翻绳"、"捉猴"、"找东南西北"等。这样,不仅使幼儿园一日活动的各个环节过渡自然,管而不死,放而不乱,同时很重要的是减少了幼儿排队和等待的时间,使幼儿得到充分的自由和发展。

3. 有利于幼儿园与家庭教育的联系

民间游戏可以成为幼儿园教育与家庭教育相互沟通的桥梁。民间游戏来源于生活,许多家长都会玩,幼儿园在开展民间游戏教育的过程中,可以向广大家长请教,征集民间游戏;家长通过和自己孩子一起玩民间游戏,也可以了解幼儿在幼儿园中的发展情况。这样,幼儿园和家庭有了一个共同关心的事情,使家长和幼儿园的关系变得更为密切。

五、幼儿园运用民间游戏时应注意的几个问题

(一)搜集、改编民间游戏应注意科学性、思想性和教育性

由于幼儿民间游戏产生于民间,流传于口头,随着社会的不断发展,人们的生活方式、价值观念、风土习俗在不断发生着演变,这使民间游戏存在着时代和地方的局限性,甚至还夹杂着一些不健康的内容。因此,幼儿园运用民间游戏时,需要对所搜集到的民间游戏进行改编,这是一个重新创作的过程。在这个重新创作的过程中,应注意科学性、思想性和教育性。对搜集到的每一则民间游戏进行整理和审查时,可保留游戏的形式及结构,对其内容、情节、规则以及相配的儿歌、童谣中不符合时代精神、不符合幼儿年龄特点的地方加以改造,或重新编写,赋予新的含义,使用于幼儿园的民间游戏在名称、内容、角色、情节、规则、儿歌、童谣上尽可能符合幼儿身心发展规律,并具有积极的教育意义。

(二)运用幼儿民间游戏时,应注意针对性、灵活性、适度性

幼儿园在具体运用民间游戏时,应根据幼儿的发展目标有目的、有计划地进行。其中针对性要求表现在以下几点:一是指选择游戏时,应注意针对幼儿的不同年龄特点来选择不同的游戏;二是在一日活动中要注意针对不同的时间、不同的条件和幼儿的不同需要,

选择适当的民间游戏;三是在同一年龄班中,注意针对不同幼儿的不同发展水平,选择不同内容的民间游戏,提出不同的动作要求和不同的游戏规则,提供不同的角色和不同的玩具或替代物,以使每个幼儿在其原有水平上得到发展。

因此,需要随时随地地调节游戏的难易程度,以符合幼儿的个体水平和特点。这样,民间游戏才能起到促进幼儿发展的作用。

（三）运用幼儿民间游戏还应注意安全性

在改编运用幼儿民间游戏中,应对游戏动作的设计、场地的选择、玩具的使用与制作等方面加强安全性的检查。如游戏"砍白菜",原游戏中的动作是用手掌"砍"在幼儿的头颈处,这种动作不利于幼儿身体的健康,可以改为弯下腰,"砍"在幼儿的脚跟处,这样更贴近生活的实际,也比较安全。

第九节 美术游戏

美术对幼儿来说是一种实践,需要幼儿全身心地投入,其间,幼儿要运用并发挥他的全部心理能力,并倾注他的全部热情,由此幼儿会得到全面的锻炼。幼儿美术是幼儿感知世界的一种方式,是幼儿自我表达的一种语言。

日常生活中,我们可以尝试利用各种材料来组织幼儿园美术游戏。

一、涂鸦和绘画游戏

小班幼儿从涂鸦开始,我们可以组织很多有趣的美术游戏。

（一）手指画

用手指（一般先从一个手指开始,右手食指）点画和绘画。

（二）棉签画

用棉签蘸颜色作画。

（三）版画

(1)生活物品拓印,包括积木、蔬菜水果等常见生活用品拓印。

(2)橡皮版画,用橡皮刻板再拓印。

(3)丝绸版画,丝绸直接拓印或制板拓印。

(4)其他材料版画,比如,卡纸粘贴版画、木片粘贴版画等。

（四）线画

包括线绳粘贴和拉线画等形式。拉线画是用可塑性很强的线条和颜料进行创作的美术活动，绘画作品有朦胧、遐想效果，可以开拓幼儿的思维空间，丰富幼儿的想象。幼儿可以通过对拉线画作品的想象和理解进行填画，支持幼儿的个性化表现。

（五）吹画

我们为幼儿提供各种水彩颜色，幼儿们在白纸上蘸上颜色，用吸管在颜色上吹，颜色在纸上呈现出各种各样的形态。逐渐感受这种不可预见的画面效果，充分发挥幼儿的想象力，支持了幼儿的个性化实现。

（六）染画

用宣纸、卫生纸或是白色的布，在其上面蘸上漂亮的颜色，色彩在上面自然展开和渗透，产生动态的美，幼儿能直接观察到色彩流动的过程，增加幼儿玩色的兴趣。

（七）喷画和刷画

水枪吸水粉颜色水，然后用水枪对着白纱布或宣纸喷洒，产生水花飞溅的效果，将喷画挂在暖暖的灯光下面会给人一种幻彩的感觉，又有一种抽象画的意境。

用毛线和塑料片或者其他废旧材料在纸上拼凑出主题，用牙刷蘸色，靠手指刮牙刷将颜色溅到纸上或者布上的空白处，产生水珠喷洒的效果，拿掉纸上的材料，露出空白处，就是一张有趣的刷画。

（八）滚画

选一张自己喜欢的色纸或者直接用白纸作为底纸，把玻璃弹珠或其他能滚动的物品蘸满颜色在纸上自然滚动，再换各种颜色滚动。珠子滚动后在底纸上留下各种颜色痕迹，也是一幅非常自由美丽的画。

（九）蜡笔画、水粉画和蜡笔水粉画

蜡笔画和水粉画是幼儿园常见的绘画游戏，而蜡笔水粉画是将二者的有机结合。用蜡笔在纸上作画，然后在作好的蜡笔画上轻轻地刷上一层水粉颜色。有蜡的地方水分渗透不进去，所以蜡笔所画的图案就会像暗码一样，跃然于纸上。

（十）其他形式的绘画

比如用废旧材料等。

二、手工制作游戏

（一）雕刻游戏

用橡皮或粉笔等幼儿能操作的材料，用竹片或其他工具雕刻作品。

（二）折、剪、撕、粘贴游戏

折纸、剪纸、撕纸是幼儿园常见的手工操作形式。粘贴游戏是用各种质地的纸或者布撕成或裁成各种图案、形状，进行拼贴形成作品，如纸工游戏。

1. 折纸造型

折纸造型因材料、工艺简便而普及，是训练手脑并用及培养审美感知的好方法。折纸多用矩形纸，即正方形或长方形的纸作材料。从平面到折起的立体形状很有次序和规律，结构呈现几何形体美，形象提炼夸张，略带抽象意味。这些特点被人们代代相传，形成了一定的模式。

2. 剪纸造型

剪纸造型是我国民间艺术之一，具有悠久的历史。各地各不相同的地方特色使剪纸艺术百花争妍，千姿百态。最早的剪纸大多用于刺绣纹样，后来慢慢步入美化生活、强调其欣赏价值方面。如在我国北方地区，剪纸贴于窗上，称为窗花。剪纸一般采用镂空剪刻技法，一次创作，可以叠刻数幅相同的作品。一幅好的剪纸作品，形象生动、内容充实、不粘不散不破，具有很高的观赏性和实用性。

随着社会的发展，剪纸艺术的应用日益广泛，如节日的装饰、会议的会标、书籍的插图、封面的设计，等等。为此，剪纸艺术不断汲取其他艺术表现技法，如黑白画、版画，更注重简洁与效果。

3. 撕纸造型

撕纸造型，类似剪纸，又有别于剪纸，是现代艺术爱好者独创的一种艺术形式。它既可用于平面，也可用于立体的形象创作，表现形式十分丰富。根据所用纸的软硬绒糙，可给予不同方式的处理，产生不同的韵味。如软纸，能撕出毛边，即有了柔和感；如绒纸，撕时要考虑绒面的疏密得当。根据题材需要，可以选择不同纸质材料进行创作。撕纸，不要求整齐划一，以参差有致、粗犷大气、精炼神韵为好。根据构图需要，可采用单面、对折、多折撕等手法。

4. 剪贴造型

剪贴造型可以利用各种彩纸、挂历纸等材料进行剪剪贴贴。它的优点是画面有很大的灵活性，可以随灵感任意设计制作，使画面多姿多彩。

剪贴是多样色彩的组合，要注意整体色调，以及物与物、色块与底色间的关系。

三、泥工材料操作

泥工课课程的设置在学前教育中是一门传统的手工技能课。通过对泥土的塑造，能够锻炼幼儿们对形体的塑造能力，培养手眼和脑的协调能力。在幼儿阶段开设泥工游戏活动的本真目的就是为了锻炼幼儿的手脑掌控能力及小手肌肉群的发展。同时，泥工游戏的开展也能将民间美术更好地融入到幼儿园课程中，培养幼儿亲近泥土、亲近自然的人类天性。在人类成长的最初阶段，与泥土的亲近是人类发展不可缺少的活动。无论是人类生产劳动的需要，还是幼儿游戏的活动，或是民间文学、神话故事等文化元素的组成，都不同程度地与泥土有着不可分割的渊源。从艺术素质培养的角度看，泥工课的教学不仅仅是一种技能技巧的训练，而且能在技能训练的同时，完善幼儿对自然物像特征的塑造，深切体会各种自然形体彰显出的审美价值及物像之间构成的和谐的艺术表现力，艺术教育已经成为学校教育中不可缺少的一部分，综合性艺术教育思潮得到逐渐发展和壮大。作为艺术素质教育之一的泥工教学，可以从一个侧面反映出幼儿天真和独特的个人视野和艺术概括能力，同时为幼儿的情感表达和创造提供了一个展示自我的平台。

初学泥塑可以先做一些简单的模仿练习，不妨根据个人的爱好和程度找一些现成的小泥塑工艺品或玩具模型进行仿制。通过观察和触摸，对形体有了认识以后，再用泥制作。

泥塑的基本法则是加法和减法。加法：从小到大、从无到有，一块块地添加材料，逐渐使之融为一体。减法：当材料添加得不符合要求或需要加工局部时，就需要去掉多余的泥。加法和减法在泥塑中是经常结合运用的。

泥塑有两种做法：一是形体较小，可以拿在手里捏塑的；二是形体较大，要放在泥工板上塑造的。不论哪一种，都要先做出大体形状，这一步很重要，要像绘画一样，先把大体形状做好。

在大体形状捏出来后，可以和原作比较一下，进行第二步——刻画细节。在做细节时，仍然要注意形体的完整和概括，转折的地方要清楚，不要圆乎乎的一团。如果泥发干，表面衔接不好，可以用手指蘸水抹一抹。因为刻画细节时往往会忽视了整体，所以最后还要整理，使泥塑完整。

在熟悉了泥的性质，掌握了一定的经验之后，可以利用照片、图画资料进行泥塑练习，在进行这样的练习时，要注意泥塑的体积感。因为图片资料是平面的，在制作中往往只注意平面的形状，而忘记了泥塑是立体的形象。照片或图画只是一个形象某一个角度的视觉平面，要把它变成立体的，需要在头脑中建立三维空间的想象。要经过观察、分析、研究，把物体概括为一个或数个基本形体，从大的形体入手，然后逐渐进行塑造。

经过上述练习以后，可以进行创作练习。创作一件泥塑作品，包含着构思、设计、制作、修饰等几个过程。艺术来源于生活，创作的题材随处可见，要善于发现和捕捉。世界上大多数物体都是立体的，如人、动物、建筑、器物。儿童故事中的人物、动画片中的形象都可以成为创作的题材。在创作时，也应先易后难，由浅入深。要根据自己的水平、能力和兴趣选择容易出效果的内容。形体也不要太复杂，不要想象得很丰富，结果难住了自己。可以先构思，然后用笔画一画，有了一定的把握之后再动手制作。在创作中要注意以下几点：

第一，要使作品的形象富于美感和艺术情趣。为使形象概括、生动，可以运用夸张变形的手法对自然形态进行大胆的改造。

第二，要有空间观念。从泥塑的前后左右去观察，使泥塑具有一定的体积。

第三，重心要稳定。泥有重量，如果重心不稳造型就立不起来，一般应加大底部的分量，不要使作品上大下小或很多泥支在几根细腿上。

第四，造型要表现得概括和完整，就要正确处理取舍关系，舍去大量繁琐的细节而表现出基本的形体趋势。我国民间泥塑具有的浑厚、朴实、丰满的造型风格，值得借鉴。

第五，晾干后的泥塑作品要涂色描绘。用色宜使用艳丽而厚重的色彩对比关系，恰当地运用饱和色和黑白，使泥塑作品色彩强烈，形象生动。

四、玩教具制作

幼儿参与自制玩教具的活动，从过程到结果对于幼儿的身心健康和全面发展都具有积极的意义。

幼儿动手做玩具的过程就是幼儿发现问题、解决问题的过程，可以激发他们探究的兴趣,培养其动手能力、想象力和创造力,丰富他们的经验;做玩具的结果可以让幼儿看到自己的劳动成果,体验到自己的能力,享受到成功的喜悦。

比如制作一只泥船:给每一个幼儿发一块橡皮泥,让他们制作各种形状的船,然后教师取出一块橡皮泥直接扔到水中,这时橡皮泥就会沉下去。再让幼儿们把各自做好的橡皮泥船放到水中,这时他们的船就会漂在水中,然后问幼儿们为什么会这样,如果幼儿答不出,教师就告诉他们这其中的道理。这就是寓教于乐的教学方法。再如制作风车:把一个方形的厚纸片剪开,在中心和四个角各打一个洞,把四个角折向中间,插一根大头针,吸管的两侧各放一个有孔的小珠,再找一个木塞,用大头针一次穿上,吹吹小风车,它就转动了。

这样让幼儿利用纸、布或者废旧材料来制作简单而有趣的玩教具,虽然幼儿做的玩具可能比较简单粗糙,但是它凝结着幼儿的智慧、情感和劳动。实践是第一性的,要自己动手,通过制作—思考—再制作,最终制作出令人满意的玩具来,从这一过程中体会到亲手制作玩具的乐趣,使幼儿沉浸在揭示出隐藏在自然界中的某些真理的无限喜悦之中。

给幼儿营造一种优雅的环境,让他们有效欣赏绘画作品和手工作品,使他们的心灵受到陶冶,情感形成共鸣。

第十节 手指操游戏

俗话说,"十指连心"、"心灵手巧"。著名哲学家康德曾说:"手是身体的大脑"。著名教育家苏霍姆林斯基也曾说:"儿童的智慧在他的手指尖上"。对于婴幼儿来说,手指的活动是大脑的体操。活动的是手,得到锻炼的是大脑。手的动作与人脑的发育有着极为密切和重要的联系,对语言、视觉、听觉、触觉的发展也有极大的助益。

其实手指操游戏并不难,想让幼儿高兴起来也不难,只要想教就很简单。下面就介绍一些在幼儿园较为常见的手指操游戏。

一、小班手指操游戏

第一节:一只小鸡叽叽,低低头(鸡嘴状点桌面三下),吃米米(碰食指三下);来了(先伸出右手手心向下)一群(再伸出左手手心向下,放在右手上)小鸭鸭(做鸭嘴状三下),游游泳(两个大拇指交叉,其余手指并拢晃动),呷呷呷(作鸭嘴状三下);两只小象(两只手的食指和小指同时伸直)走过来(放在桌面做走的动作),钩钩鼻(大拇指碰碰),做游戏(两个大拇指绕一绕);一群(先伸右手)小鱼(再伸左手)游过来,游到东,游到西,游到(两手游泳状打开)大海妈妈怀抱(两手交叉放胸前)里。

第二节：一个手指（右手）一个手指（左手）变成大山（两食指一起），两个手指（右手）两个手指变成剪刀（剪两下），三个手指（左手）三个手指变成水母（两食指一起、中指无名指并拢动一动），四个手指（右手）四个手指（左手）变成胡须（合并放下巴位置），五个手指（右手）五个手指（左手）变成海鸥（手心面向自己、大拇指交叉向上飞）。

第三节：一个手指（先伸右手）五个手指（再伸左手合拢当做小碗）小朋友（右手有节奏地上下运动）吃水果，两个手指（右手做筷子状）五个（左手）手指小朋友吃面条，三个手指（右手做叉子状）五个手指（左手）小朋友吃蛋糕，四个手指（右手做勺子状）五个手指（左手）小朋友吃米饭，五个手指（先伸右手）五个手指（再伸左手）小朋友做馒头（双手左右晃动），大家一起吃（两手胸前换位拍手，最后张口吃掉）。

第四节：你拍一我拍一，伸出大拇哥碰碰头；你拍二我拍二，伸出食指哥摆一摆；你拍三我拍三，伸出中指哥弯弯腰；你拍四我拍四，伸出无名指搭拱桥；你拍五我拍五，伸出小指头拉拉钩；五个手指伸出来，小朋友（两手胸前交叉）来做玩乐操（翻开手腕后伸出两大拇指）。

第五节：（两手并拢）一门开（两个小指头先开）进不来，二门开（两个无名指再开）进不来，三门开（两个中指开）进不来，四门开（两个食指开）进不来，五门开开（手指都开）我进来了（手挽一起做花状、小朋友的头对着手心点点头），见到我的好朋友（十个手指弯弯动动），拉拉钩（拉小指）敬个礼（除大拇指外手指动动）碰碰头（大拇指碰碰），相亲相爱（手腕摩擦）不分手（两手握一起）。

第六节：一个手指点点（两个食指碰碰），两个手指剪剪（做剪刀状横剪一下、竖剪一下），三个手指（食指、中指、无名指）弯弯，四个手指插插（两手交叉），五个手指开花（做花状托住下巴）。

另外还有一些类似的手指游戏，比如：

1. 小手拍拍

小手拍拍，小手拍拍，（拍拍你的双手）

手指伸出来。（伸出你的食指）

眼睛在哪里？（用一种夸张的语气问）

眼睛在这里。（指你的眼睛）

用手指出来。（一边指着你的眼睛一边用眼神鼓励幼儿）

2. 手指动一动

一个手指点点点，（伸出一个手指点幼儿）

两个手指敲敲敲，（伸出两只手指在幼儿身上轻敲）

三个手指捏捏捏，（伸出三只手指在幼儿身上轻捏）

四个手指挠挠挠，（伸出四只手指在幼儿身上轻挠）

五个手指拍拍拍，（两只手对拍）

五个兄弟爬上山，（从幼儿的下身做爬山状）

几里古噜滚下来。（在幼儿身上从上往下挠）

可以灵活变化：可以把眼睛改成其他任何一个身体部位，比如鼻子、嘴巴等。这个游戏教会幼儿认识五官和身体的部位，让其增强自己的身体意识。

3. 我的家

爸爸是司机,开汽车,嘀嘀嘀,(双手大拇指单伸出来,向下按)

爸爸旁边是妈妈,妈妈洗衣服,刷刷刷,(双手食指单伸出来,做搓衣服的动作)

个子最高是哥哥,哥哥打篮球,砰砰砰,(双手中指单伸出来,向上做投篮动作)

哥哥旁边是姐姐,姐姐在跳舞,嚓嚓嚓,(双手无名指单伸出来,做绕圈动作)

个子最小就是我,我在敲小鼓,咚咚咚。(双手小指单伸出来,做敲小鼓动作)

4. 我是大苹果

我(指着自己,表情夸张)是一个大苹果,(双手张开表示"大")

小朋友们都爱我,(双手食指点着前面的人)

请你先去洗洗手,(双手做洗手的动作)

要是手脏,(用右手食指点着左手手掌)

别碰我!(挥动右手表示"不")

5. 小熊小熊

小熊小熊圆圆脸,(用手在幼儿的手心画圆)

一步一步上上坡,(从幼儿的手往手臂上点上去)

几里古噜滚下来,(在幼儿身上从上往下做滚状)

滚进一个山洞里。(用手点到幼儿的夹肢窝挠挠)

6. 小手小脚

我有一双小小手,

小手拍一拍,小手拍一拍。(把小手拍一拍)

小手藏起来,小手藏起来。(让幼儿把小手藏在身后)

小手在哪里?小手在哪里?(留时间让幼儿想一想)

小手在这里,小手在这里。(把小手从身后拿出来,拍一拍)

我有一双小小脚,

小脚踩一踩,小脚踩一踩。(让小脚踏踏地)

小脚藏起来,小脚藏起来。(让幼儿用小手把小脚捂住)

小脚在哪里?小脚在哪里?(留时间让幼儿想一想)

小脚在这里,小脚在这里。(把小手拿开,小脚欢快地踏一踏)

二、中班手指操游戏

第一节:石头剪刀布,石头剪刀布,做什么(左摆一下)? 做什么(右摆一下)? 左手是石头,右手是石头,胖胖脸,胖胖脸(握拳贴小脸两边)。石头剪刀布,石头剪刀布,做什么? 做什么? 左手是剪刀,右手是剪刀,小白兔,小白兔(做小兔)。石头剪刀布,石头剪刀布,做什么? 做什么? 左手是布,右手是布,小螃蟹,小螃蟹(手心对前胸两个大拇指靠一起,另外的四个指头只是前面弯曲一下)。石头剪刀布,石头剪刀布,做什么? 做什么? 左手是石头,右手是剪刀,小蜗牛,小蜗牛(石头放剪刀上面)。

第二节:花园里百花开(先向下压腕再向上伸直),万紫千红多姿多彩(小舞花两次、手心合拢成没开的花苞),菊花张开小嘴巴(大拇指先开成菊花),兰花扬起小下巴(绕腕相对向下压成兰花指,手心面向大家),鸡冠花(手花状)真神气(手腕对在一起,另一只手成花状直立),喇叭花开早早起(左上、胸前、右上、胸前),什么花儿(食指伸出放大脑边绕想问题)晚上开,节日喜庆(由上向下水波状)烟花开(手指握拳猛地张开三次)。

第三节:我家(拍一下手、移动对空合拢)有个玩具柜(打开、大拇指向上),柜子一共有几层(关上门再打开两次),一层二层三层四层(从小指一层开始分别弯曲、二层无名指、三层中指、四层食指),我的柜子有四层,一层一层(小指放小指上面、无名指放无名指上面)关上门。

第四节:小桌子四方方(手背对外、手指相对、对缝插进,手腕向下压大拇指靠压食指),小朋友们坐边上(大拇指先慢慢都打开),一个我(指我)一个你(指你)大家一起做游戏(拍两下手),一张纸(左手)一支笔(右手)画幅画儿真美丽(左右大拇指食指呈长方形),画座楼房高又高(小指放小指上面、无名指放无名指上面……大拇指向上伸直),画座小桥弯又弯(楼房变变手腕向下压成桥),画群和平鸽飞过桥。

第五节:好朋友(右手打开向外伸)在一起(左手打开向外伸),我们快来(握拳猛地打开手同时向外拉两次)锻炼身体(快速胸前绕绕拍一下),头儿(大拇指交叉换位三下)扭扭碰碰碰,脖子(食指交叉换位三下)扭扭碰碰碰,腰儿(中指交叉换位三下)扭扭碰碰碰,屁股(无名指交叉换位三下)扭扭碰碰碰,脚儿(小拇指交叉换位三下)扭扭碰碰碰,大家来做扭扭操(两手交叉握握再合并伸直),做个健康好宝宝(右手慢慢爬,上拳下手撑变蘑菇、左手再来一次)。

第六节:拍拍(拍二下)插插(手指打开,背靠一起手插进,手指并一起向前)开始拔。右拇指动动向右拔(右手弯曲左手伸直向右拔),左拇指动动向左拔(左手弯曲右手伸直向左拔),拔呀拔呀拔呀拔,两只小手(摊平)不分家(竖起两个大拇指碰到一起)。

三、大班手指操游戏

第一节:一个手指头呀,一个手指头呀,变呀变呀,变成毛毛虫呀。两个手指头呀,两个手指头呀,变呀变呀,变成小白兔呀。三个手指头呀,三个手指头呀,变呀变呀,变成小花猫呀。四个手指头呀,四个手指头呀,变呀变呀,变成花蝴蝶呀。五个手指头呀,五个手指头呀,变呀变呀,变成大老虎呀。

第二节:小乌龟爱挑食,一粒大米吃三次,脖子细细,尾巴细细,耷拉着眼皮没力气。小老鼠爱挑食,只吃花生巧克力,脖子细细,尾巴细细,蔫头耷脑没力气。小熊一点儿不挑食,米饭、青菜、肉和鱼,大口大口吃下去,脸蛋红红笑嘻嘻!

第三节:太阳公公睡觉(两手伸懒腰)静悄悄(两手一并放在脸的一侧);月亮婆婆睡觉眯眯笑(两手指指向两腮);老爷爷睡觉(两手像在摸胡子)胡子翘(两手张开向外指);小宝宝睡觉(两胳膊抱起来)呼噜呼噜(两胳膊转圈),像只小花猫(两手放在两腮像小猫的胡子)。

第四节:大树下面有个洞,里面住着五条虫。大虫出来探探头,二虫出来弯弯腰,三虫出来扭一扭,四虫出来转一圈,只有小虫胆子小,就是不敢爬出洞。小虫小虫你别害怕,我们一起爬出洞。找到一群好朋友,快快乐乐去郊游。

第八章

幼儿园自选游戏指导记录

第一节 小班自选游戏指导记录

一、角色游戏

(一)他不再哭了

我班有个幼儿叫宁宁,是个倔强的男孩,脾气很大。刚来幼儿园时他对教师有抗拒心理,认为我们都是坏人。记得入园第一天,就数他哭闹得最厉害,教师把他抱过来时,他在教师的怀里又踢又打,大叫着:"我不上幼儿园,我要回家!"就这样,他在哭闹中度过了入园的第一天。

一天我请他到小熊家做客。刚开始时,他不理我,我就和别的幼儿一起给小熊做饭,唱歌给小熊听。慢慢地,他开始注意我们,被我们的活动吸引住了。我对他说:"宁宁,小熊还少个小哥哥,你来当好吗?"他点了点头,我把小熊放在他的怀里,他还很高兴,又是抱又是亲,我对他说:"老师当妈妈,咱们一起给小熊做点儿好吃的好吗?"他小声说:"好。"于是我们就一起给小熊做饭,每次都让他充当一定的角色,和他一起游戏。慢慢地,他愿意和我说话,也愿意和我接近了。

有一天,在游戏中,我对他说:"宁宁,小熊跟我说他不高兴了,不愿意让你当他的哥哥了。"他着急地问:"为什么?""小熊不喜欢爱哭的孩子当哥哥"。听完我的话,他低下了头,抱着小熊不说话了。我又对他说:"宁宁,你是个乖孩子,小熊可喜欢你了,你明天来园要是不哭,小熊一定很高兴,还会让你当哥哥的。"宁宁没有说话,只是抱着小熊看。第二天,宁宁来得很晚,但没有哭。我赶紧把他抱过来,把小熊放在他怀里,对他说:"你看,小熊多高兴呀!他喜欢让你当他的哥哥。"宁宁亲了亲小熊,笑了。

(二)她学会了……

佳佳小朋友是新插班的一个女孩子,她不愿意参加自选游戏,经过观察了解,原来她不会玩游戏,而且对新环境有些生疏。

一天,自选游戏开始时,我有意引导佳佳小朋友去参加娃娃家游戏,当我问她"你想不想玩娃娃家"时,她却摇摇头说不愿意去(这时其他小朋友争着去娃娃家游戏)。于是我请她去自选喜爱的玩具。在全班幼儿进入到游戏角色中时,我走到佳佳身旁,对她说:"佳佳,老师带你去娃娃家做客吧?"佳佳有点儿不敢,用她那双大眼睛看着我。我说:"老师带你去看看,一会儿我还带你回来呢。"我们来到娃娃家门前,我鼓励她让她学习敲门,她的声音很小,只有我一个人能听见。我在一旁大声地说:"家里有人吗?佳佳小朋友来你家做客了。"这时,苗苗小朋友来开门,她热情地招待我们,为我们沏茶、拿水果,还给我们拿出了午饭。午饭有鱼、菠菜和米饭,苗苗的一切表现,使得佳佳小朋友看呆了。当她招待我们吃饭时,佳佳却不动手。我说:"佳佳,阿姨给你做了这么多好吃的饭菜,你吃点儿吧。"她摇摇头,我拿勺给她弄了一块"鱼",说:"你尝尝,好吃吗?"她还是摇摇头,我有点纳闷怎么回事。我问她:"你是不是认为这鱼、菜、饭没法吃。"(鱼是假的,饭、菜是生的。)她点点头,我扑哧一声笑了出来,"佳佳吃饭,这是在玩儿游戏,这些饭菜是假装吃的,你看老师怎么吃。"我示范给她,她好像有点明白了,试着拿勺吃菜。我问她:"好吃吗?"她也学着说:"好吃。"我们吃完饭后,便离开了。我问她:"下次还想来吗?"她说:"您还带我来。"

当教师了解到有的孩子不能积极参加自选游戏的真正原因后,应鼓励和引导幼儿向周围伙伴学习游戏技能,经过一段时间的引导、启发、鼓励和帮助,使幼儿很快地能够进入到角色中去。

(三)娃娃家的新成员

娃娃家里,吴佳戴上了"妈妈"的头饰,利菲戴上了"爸爸"的头饰,菲菲戴着孩子的头饰,3个人成为娃娃家的主人,这时,"妈妈"对"爸爸"说:"咱们今天带孩子去公园玩吧!""爸爸"同意了。可是,扮演孩子的菲菲有点不愿意,"妈妈"问她:"怎么了,你不是说好今天去公园儿玩的吗?"她低着头说,"我想跟奶奶一起去"。这就为难了"爸爸"、"妈妈"(因为娃娃家里只有三顶头饰帽)。正在这时,我到了娃娃家,"妈妈"给我讲了刚才发生的事。我说:"我当奶奶行吗?"菲菲高兴地说:"行,行。"于是我当奶奶,一家四口去公园玩。孩子拉着"奶奶"的手边走边说,"奶奶,等一会儿上车的时候,我给您找一个座位。"我说:"不用了","不行,那天,我妈带我去商场,我就看见一个小女孩儿给奶奶让座。"我说:"那好吧。"汽车来了,菲菲扶着我上了车,和"爸爸"、"妈妈"一起去公园了。

幼儿在游戏中能表现出他们真实的生活感受,教师不应以固定的角色限制幼儿的表现。娃娃家的头饰可以多准备几个角色。

(四)封闭的心灵打开了

菁菁小朋友是个性很强、性格内向的孩子。她来园后两个月内没有与我(班上的教师)和小朋友讲过一句话。每当我与她讲话时,她总是面无表情地低着头,不吭声。我用尽了各种办法来引导她,哄她玩,但都无济于事。大家都担心再这样下去会把菁菁憋出病来。

针对这种情况,我在自选游戏中对她进行细致观察,发现她特别爱玩娃娃家,而且在娃娃家中不断地与怀中的娃娃说话,自己一个人能独自进行有情节的游戏。另外,我还发现她能力很强,边玩边把玩具放好。于是,我以角色身份来到她"家",菁菁正在洗衣服,我就主动地帮着她抱孩子,并试着与她交谈。"这是给谁洗衣服?""给娃娃"。"你真是个好妈妈"。她笑了。我又说:"你家收拾得真干净,这是谁干的?""是我"。"你真能干"。她的话回答得很简单,但是每句话回答得都是那么自然,这是因为我们都沉浸在游戏之中。

游戏结束时,我在全班细致地叙述了今天菁菁在娃娃家中为娃娃洗衣服和收拾玩具的过程,我还请她亲自为大家操作表演。小朋友们都投来羡慕的目光,菁菁第一次在大家面前露出了甜蜜的微笑。从此,她那封闭了两个月的心灵终于打开了。

(五)这是从工厂里定做的

商店的游戏很多幼儿都喜欢,今天的售货员是乐乐。游戏一开始,商店就热闹起来了。但都是按部就班地做着买卖,我也参加到游戏中。

乐乐看我来到商店,热情地问道:"您买什么?我们这儿商品很多,您先看看。""你们这有没有我要的货,我想要面小镜子(我心里清楚,商品里没有准备镜子)。"这下难住了乐乐,只见他看了看柜台里的商品,然后转身走出商店,回头又说:"您先别走。"过了一会儿,乐乐回来了,手里拿着一面用插片插好的小镜子走到我面前说:"这是您要的小镜子,5元钱。"我接过小镜子,问他从哪弄来的。他说:"是从工厂定做的。"

在游戏中教师要积极引导、鼓励幼儿创造性地解决问题。

二、积木区游戏

(一)给小兔子做小桌子、小椅子和床

我班的兵兵非常喜欢积木区游戏,但是由于积木区人数的限制,他不能每天都玩。一天,他来到积木区的时候,人已经够了。但他没有马上离开,而是站在那儿看了一会儿,然后才不情愿地去玩玩具了。但他一直注意着积木区。这时,刘其正好要上厕所,他刚把帽子摘下来,兵兵放下手里的玩具,赶紧把帽子戴在头上。刘其说:"我还想再玩呢,这是我的。"兵兵不理他,忙着脱鞋。刘其急得哭了起来。我赶忙走过去,让刘其先去小便。我对兵兵说:"你特别想当建筑师,为小动物们搭漂亮的房子是吗?"他点点头。我又对他说:"刘其也想当,你看,他正为小兔子搭家呢,搭得多漂亮呀,可是还没有搭完,小兔子正等着刘其给它搭一个好看的房顶。小朋友还没有搭完,你就把帽子拿走了。他没有了帽子,就不能为小兔子搭家了,刘其很伤心,小兔子也会不喜欢你的。你说,应该怎么办?"兵兵低下头不说话了,我对他说:"老师想了个好办法,刘其为小兔子搭房子,可是房子里没有床和椅子。你用插片给小兔子插桌椅好吗?"兵兵想了想,顺从地摘下帽子,回位子玩插片去了。一会儿,他就给小兔子插好了小桌子、小椅子和床,送到积木区。刘其也很高兴地接受了。

小班幼儿规则意识较差,有时他并不理解规则的真正含义,只是从表面理解,而且对于自己感兴趣的玩具及游戏兴趣很高,想各种办法要达到目的,教师应给予正确指导。例如,转移幼儿的注意力,激发幼儿对其他游戏的兴趣,这样,既不会打击幼儿的积极性,又满足了幼儿的游戏要求,还有益于丰富游戏的内容情节。

(二)购物中心有电梯

今天积木区建构了一个大型的购物中心,外形大而漂亮,旁边有花坛,不远处还建了一座小型立交桥,整体效果很好。房子、桥和花园都是以前积木区多次建构过的,只是某些地方有些改动。今天有一处比较独特,是以前从来没出现过的,就是在购物中心大楼中间用大积塑连接而成竖在那里的东西,由于积塑的颜色鲜艳,因而十分醒目。我好奇地问:"呀!这是什么呀?"洋洋说:"老师,这是电梯。"旁边正搭建的陈达连忙过来说:"老师,这是我搭的,我来给您讲吧!""这是电梯,可以运人,也可以运东西"。我说:"你真动脑筋。你为什么要设计一个电梯呢?"陈达说:"我妈带我去过华威大厦,里面就有电梯,新世纪商场也有,特方便。"我肯定地点了点头,又对他说:"你们建的购物中心里都有什么东西?"陈达说:"告诉您吧,我们这儿什么都卖,有冰箱、彩电、衣服。对了,还有儿童玩具呢!"我说:"东西真全。"陈达说:"对,要是买冰箱就要用电梯,要不,人搬太累了。"我又一次赞许地点了点头。

  游戏结束了,我请全班小朋友参观积木区,并请陈达讲解了他建的电梯,我在全班幼儿面前表扬了他,夸他是个爱动脑筋的好孩子。小朋友都给他拍手,并投去羡慕的目光。教师要注意观察游戏中点滴小事,善于发现幼儿的创造精神,并及时给予鼓励,这对于树立幼儿自信心大有帮助。

(三)北京站前的大钟

  小萌是个不爱说话的女孩子,她很少到积木区游戏,今天犹豫了半天才选择了积木区。别的幼儿都忙着搭建,她坐在地毯上看着。这时,李卓用小积木搭了个小火车,他很高兴地学着火车的叫声。小萌看着很有意思,她也用小筐装了几块小积木,在地毯上搭了一个小火车。搭好后,她很兴奋,自言自语地说着"小火车,呜呜",一边绕着看。一会儿,她又用小筐装好多小积木,搭成一个一个的小火车,她玩得很专心也很有兴趣。她搭了一会儿,又坐在地毯上想了一会儿,然后走到箱子前拿出一个小纸盒,放在积木上。我问她:"这是什么?"她告诉我说是火车,她又从箱子里找出几个小盒放到积木上,我问她,"这是什么?"她告诉我说:"这是火车站的围墙。"然后她又用雪碧瓶摆在围墙外面,上面再放上一个小盒。我问她:"这又是什么?"她说是北京火车站前的大钟。我很奇怪,问她:"你怎么知道的?"她告诉我,前两天她爸爸出差,她妈妈带着她去送爸爸时,妈妈指给她看的。说完,她又忙着搭积木去了。

  幼儿的想象力、创造力往往是日常一点一滴的观察激发起来的。幼儿能在教师教的基础上充分发挥自己的想象,并能利用废旧物品替代自己需要的材料,来完成自己的搭建活动。小班幼儿的模仿行为较多,往往游戏前没有什么主题意识,而是在玩的过程中才形成主题。教师给予适当的启发引导,帮助幼儿丰富主题内容,并能用语言把自己的想法说出来,这对培养幼儿的游戏兴趣、建立自信心及增强语言表达能力都是极为有益的。

三、图书区

(一)讲讲书里的故事

  雨菲是个活泼好动的孩子,平时她很少从事安静的活动。今天,她选择了图书区的游戏。游戏开始时,她搬着小椅子放到桌前,从柜子上取下一个标记小牌戴在脖子上。而后,她从柜中取出一本书看了起来,没一会儿,就把这本书送了回去,好像不喜欢这本书。她又取了一本《拔萝卜》的书。这次她看得很认真,一边看一边说着书中的画,当她又要把书送回去的时候,我对她说:"雨菲,这本书好看吗?"她说:"好看。""你能给我和宁宁讲讲里面的故事吗?"(宁宁正坐在旁边看书)"好吧!"于是,她重新翻开了书,给我们讲了起来,一边指画面一边讲,还能够把每张图联系起来讲。我对宁宁说:"你看雨菲讲得多好呀!"又建议雨菲,再给宁宁讲一本。雨菲高兴地又选了一本《七色花》给宁宁讲了起来。她讲得很认真,宁宁听得也认真。游戏结束时,我当着全班的面表扬了她。

  以后,她经常到图书区活动了,有时小朋友还拿书请她讲呢。渐渐地,图书区从冷清变得热闹起来,幼儿们的口语表达能力也逐渐提高了。

(二)小熊是怎么做的

图书角的墙壁上,贴了一张两只小熊看书的图片,大熊在给小熊讲故事,十分友好。平常幼儿都会讲看书要爱护、不抢、团结友爱,而实际中却常常忘记。今天图书区的芸芸和李占就发生了争执。芸芸的书李占想看,芸芸就是不给。李占说:"芸芸给我看看吧。""不行,我怕你给看坏了"。李占说"看不坏",芸芸说"那也不行"。李占不高兴了,找教师告状。我过来问芸芸:"芸芸,你为什么不给他看?"芸芸说:"我妈说了,不能撕,撕坏了,以后就不给我买了。"我说:"李占说了不撕。"芸芸还是不放心。我说:"你能不能想个办法?抬头看了看墙上的小熊是怎么做的。"芸芸抬起头来看着两只小熊看书的图片,说:"老师,我知道了。我们一起来看吧!李占,来,我给你讲。"李占说:"行。"这个问题解决了。

图片粘在墙上不是摆样子的,而是有一定的教育作用。游戏中教师要充分利用环境布置,达到与教育相结合的作用。

四、美工区

(一)我的作品很棒

刘超搬着小椅子来到美工区,他放下椅子,去拿剪子和小盒,又从盒子里拿了许多圆纸片。开始,他在那看别人剪小花,然后贴在纸上。看了一会儿,他也拿起剪子要剪,可他不会剪,剪出来的都是碎片,但是他仍然很有兴致。他把碎片都涂上胶水粘在纸上,我问他:"刘超,你剪的是什么呀?这么好看?""是小花"。说完,他指着一个长方形的碎纸片说:"这是小蝴蝶。"我鼓励他说:"你剪的花和小蝴蝶都很漂亮。你能告诉老师这是什么?"我指着一个不规则形的纸片问,他想了想说:"这是小鸟呀!"之后,他又拿起一张纸专心致志地剪了起来。到游戏结束时,他已经贴了好几张纸,游戏兴趣一直很高。他是最后一个离开美工区的。我发现他把自己的作品都放在展示台最上面。

对幼儿来说,他们最感兴趣的是游戏的过程,他们有自己的想象,起初教师不能粗暴、简单地对待幼儿的作品,而应从幼儿的角度看问题,了解幼儿的心理,了解周围事物对他们的存在意义。

(二)你教老师画画

佳佳来到美工区,坐在苗苗的旁边,她拿了一把剪刀,可是没有动手剪,而是看旁边的幼儿剪。很快,苗苗剪了一朵小花,粘在纸上。苗苗对自己的作品很满意,看着,笑了。看人家剪花,佳佳也很高兴,一会儿,苗苗觉得剪纸没意思了,把剪刀送回去,拿了几张图画纸开始画画,她画得很有兴致,边画边兴奋地说着什么,佳佳一直在旁边看着,苗苗一直埋头画自己的。一会儿,佳佳也把剪刀送回去了,拿了几张图画纸,她伸头看苗苗画,苗苗画了一个小孩,说:"她正跳舞呢!"接着又画了一只小兔,说:"小兔和她是好朋友,在看她跳舞。"佳佳对苗苗说:"你也给我画一个小孩跳舞,小白兔看。"苗苗说:"你不会自己画呀!"佳佳小声说:"我不会画!"苗苗看了看佳佳,拿过纸应付似的很快把小孩和小白兔画好了,但是画得很乱,没有她自己那张画得好,可佳佳拿过来却很高兴,简直爱不释手,摆在桌上左看右看,嘴里还说着:"她在跳舞,小兔在看,他们是朋友。"我走了过去,问:"佳佳,你画的是什么,画得这么好!"听到我的表扬,她更兴奋了,"老师,这个是姐姐,她在跳舞,小兔子是她的好朋友,它在看她跳舞呢。"苗苗赶忙表示,"老师,这是我画的,她不会画,我帮她画的。"佳佳一下子变得沉默了,刚才的兴奋全都没有了。于是,我对苗苗说:"苗苗,我知道佳佳特别喜欢你和你的画,对吗?佳佳。"佳佳低着头很勉强地轻轻地点了点头。我拿来一支笔,对佳佳说:"来,佳佳,你来教老师画画好吗?"佳佳看了看我,拿起了笔,我握着她的手和她一起画。一会儿,一只可爱的小白兔跃然纸上。她很兴奋,"小白兔,小白兔"!我说:"佳佳,你画的小白兔真好,我也学会了,谢谢你,小老师!"她高兴地笑了。幼儿虽然年龄小,但他们也有自尊心和上进心。在指导游戏过程中,既要延续或保持的幼儿的兴趣,又要保护幼儿的自尊心,使这种自尊心和上进心成为幼儿成长的动力。

(三)"咱们下次还玩这个"

张依今天是第一个来到美工区游戏的。他开始剪纸,把剪好的小花贴到墙上的纸上。剪了一会儿,他觉得没有意思,就开始画画儿,他先画了几只小鸡,边画边学着小鸡叫,又向旁边的张曼显示:"你看,你看,我画了几只小鸡。"张曼没有理他,他觉得没趣,不画了,站起来在教室里溜达。一会儿,又回到座位上。这时娃娃家的幼儿正在玩做饭的游戏,一个幼儿说:"咱们做面条吃吧!"另一个幼儿说:"今天没有卖的,咱们还是做鱼吃吧!"张依好像受到了启发,他找来一张白纸和一把剪刀,把白纸剪成一条一条的,堆成一堆,然后送到娃娃家,说自己是卖面条的,娃娃家的孩子们都很高兴,赶忙请他进屋,请他喝水。他又问娃娃家的幼儿还要什么,娃娃家的幼儿说还要菜,张依又回到座位上,在纸上画了起来,画了满满一张纸的菜,我问他画的是什么菜,他指着一个圆形的说是萝卜,长长的是白菜,还有黄瓜、西红柿等,种类繁多。我这才知道原来他是给娃娃家画的,要给娃娃家送过去,请娃娃家的幼儿吃,我马上表扬了他。游戏结束时,张依对娃娃家的幼儿说:"咱们下次还玩这个。"

小班幼儿坚持性差,注意集中时间短,极易被其他幼儿的活动所吸引,但是对于自己喜欢和感兴趣的活动,他的注意力集中时间会长些,而且幼儿都是有创造性的,他们会想办法与别的幼儿交往,参与到别人的活动中去,以满足自己的游戏要求,教师对于这种行为要及时给予表扬鼓励,激发幼儿的创造性和积极性。

第二节 中班自选游戏指导记录

一、角色游戏

(一)"爸爸"的工作

洋洋小朋友在一次娃娃家游戏中,自我推荐当"爸爸",他取来面板和油面做面条。做完以后,又拿出可乐瓶、插片、笔管搭着玩起来。我问他:"你干什么呢?"他头也不抬地说:"我在修桥。""我明白了,你是建筑工人呀,那你怎么不上班呢?"我边说边拉着他说:"快同妈妈说一声,去建筑区上班。"我领他来到积木区,对那里的小朋友说:"这是娃娃家的爸爸,他来上班了!"洋洋小朋友搭了一会儿积木之后我又把他领了回来,告诉他"下班了!"游戏结束之后,我请洋洋小朋友说一说他今天是怎么玩的,使幼儿明白人可以有双重角色身份的。

观察到洋洋的游戏行为之后,教师用语言和具体行为引导他,使其学习担任两个角色身份,丰富了游戏情节。游戏结束后让他讲述游戏过程,使幼儿有所了解,促进游戏的开展。

(二)盖潮湿的被子孩子会生病的

今天的娃娃家游戏中,迪文当爸爸,军军和洋洋都当"哥哥",钟惠小朋友当"姐姐"。我没有见到"妈妈",就问迪文:"妈妈去哪儿了?"他说:"去上班啦,挣钱给孩子买吃的。"一会儿,我见到军军在打电话,洋洋用盆给娃娃洗头,还倒了一些洗头水。洗干净之后,就把娃娃放在床上,又把小被子洗了,然后给娃娃盖上。我提醒他说:"被子是湿的,给孩子盖上,他会生病的。"他拿起被子,摸了摸娃娃的头说:"真病了,发烧了!"说完,拿来几个塑料泡沫粒说:"吃药吧,吃完就好了!"我建议说:"也不知道娃娃得了什么病,还是先去看看病,然后再吃药吧!"他听了急忙抱起娃娃看病去了。

这次游戏中,教师及时抓住幼儿把刚洗完的被子给娃娃盖上这一行为,告诉他被子湿了不能盖,应该晾干,引导幼儿行为的联系性和逻辑性,并使游戏更为深入,出现看病这一情节。

(三)我是检查卫生的

今天,娃娃家真热闹。游戏开始时,"妈妈""爸爸""孩子"一家三口人一早就拿着篮子出去买菜了。回来后,"妈妈"、"爸爸"去厨房做饭。"孩子"在一边看书,一会儿,娃娃家来客人了。"妈妈"、"爸爸"热情招待客人。"妈妈"给客人倒水,拿水果,"爸爸"到厨房做饭。工夫不大,饭做好了,"爸爸"邀请客人在家吃饭,大家一边吃,一边聊天。吃完饭后,一家人又陪同客人一起听音乐。桌子上的碗、盘、剩菜在那放着,地上还有纸和面等。这时,我来到娃娃家,"妈妈"给我开了门,我说:"我今天不是来做客的,我是卫生监督员,我是来检查卫生的。你看,你家的卫生真不好,我待一会儿再来检查你家的卫生。"说完,我就离开了。这时,"妈妈"让"爸爸"陪着客人聊天,她自己把碗、盘收好,把地扫干净,屋里的东西都收拾好了。过了一会儿,我又来到他们家,看到他们家很干净也很整齐,就表扬了他们,并且给他们家发了一面卫生红旗,并告诉他们,以后要记住,用完的东西要放回原处,不要把屋子弄脏弄乱,要让家里干干净净的。"妈妈"、"爸爸"点点头,高兴地接过了卫生红旗。

教师利用游戏再现生活中的情节,培养幼儿形成良好的卫生习惯。

二、益智操作区

(一)避免争抢新玩具

我班新添了一些玩具,其中之一是"轨道滚球"。它是由若干长轨道、短支柱组成的,长轨道一头有圆孔。经过插拼之后可以组成各种造型。把球放到上面,球会沿轨道滚下。幼儿对这件新玩具很感兴趣。在选择游戏时,小朋友都想玩。

我请幼儿讨论:"这么多人想玩,应该怎么办?"小朋友们说:"应该互相谦让,今天你玩,明天他玩。"虽然幼儿知道要互相谦让,可真正地按着去做却不多。一天,在自选游戏前的过渡环节,我把与幼儿共同建造的轨道摆在前边,请幼儿分小组轮流地去滚滚球,"过过瘾",使每个小朋友都有亲自动手玩新玩具的机会。玩时,我又同一幼儿一起商量控制人数的规则:每次只可以4个人玩,每天每人可以玩一次;看到人数够了就要玩其他游戏,下次再玩。分组活动时,请近日玩其他游戏的小朋友先选择。游戏评价时,积极鼓励互相谦让的幼儿,避免了争抢新玩具的现象。

(二)高兴得都笑不出来了

游戏的时间到了,别的幼儿都争着到各个游戏区去游戏,只有刘佳小朋友安静地坐在小椅子上。我走过去,问她:"你想到哪个区去玩儿?"她摇摇头说:"我哪儿也不想去。""那你玩积木块吧","我不玩,我一玩儿该出汗了,我一出汗就该瘦了"。这时班里的游戏气氛已经开始活跃起来,张美小朋友拿着一顶刚插好的皇冠帽走过来给我看,"老师,你看,这是我插的皇冠帽,好看吗?""真好看,刘佳,你喜欢吗?"我对刘佳说。刘佳点点头。"那你也去插一顶皇冠帽好吗?"刘佳想了想说:"好吧!"她从玩具柜中拿了一筐球型积塑,一个一个地插了起来,过了一会儿,一顶漂亮的皇冠帽插好了,放在桌子的一角。这时,筐里的积塑不多了,再插一顶帽子显然不够了。我对她说:"这帽子真漂亮,送给我好吗?"她说:"好吧。"我拿起帽子戴在头上,她的眼睛一直盯着我。"唉呀,帽子太小了,你再给我插一个大的好吗?"她点点头。我走开在一边观察她。一会儿,筐中的积塑用完了,帽子才插了一半,她用手摸摸头,小心地走到张美那里,刚想说话又回来了。我走过去问:"刘佳,怎么了?""不够了"。"你看看别人那儿有吗?"她站在那里没动,好像不敢。"来,我和你一起去。"我拉着她的手走到张美那里借了几个球型积塑,她又插了起来。插好后,她小心翼翼地托着"皇冠"给我送来,我高高兴兴地将它戴在头上,她也笑了。

游戏结束,别的幼儿看见我头上戴的"皇冠"很奇怪,纷纷走到我跟前问:"您头上戴的什么呀?谁插的呀?""好看吗?"我问。"好看!"孩子们齐声回答。"你们猜一猜?"孩子们互相猜着、问着。我请插帽子的主人站出来。大家不说话了,东张西望地看着。刘佳不好意思地走出来,大家都很惊讶,"原来是刘佳!"大家为她鼓起了掌,我问她高兴吗,"高兴","高兴为什么不笑?","我心里高兴,高兴得都笑不出来了"。

(三)我们一起拼图形

王然小朋友自己一个人在玩拼图。他看看这块,又看看那块,摸着自己的头,不一会儿,头上渗出一层汗珠儿。我问他:"拼好了吗?"他一下把拼图推到一边,气呼呼地说:"拼不上,我不拼了。"说完就要走。我拉住他说:"我们俩一起拼,不就拼上了吗?来,试一试吧!"于是,我一边拼一边教他,"你看,这边有半个花,你去找找那半个。"他找到后,交给我,高兴地说:"我找到了。"我引导他观察图形边上的图案,然后找出相对应的图案拼上,渐渐地,他掌握了拼图的"窍门"。过了大约10分钟,终于把图拼好了。

幼儿游戏中有时会遇到一些难以克服的困难,百思不得其解,降低幼儿游戏兴趣,这时教师应及时给予指导、点拨和帮助,在幼儿不了解游戏方法技能时教师教他观察图案,学习拼图的方法,困难就会迎刃而解。

三、科学区

(一)画观察记录

最近在自然科学区,我带领班上的大幼儿种蒜,开展种植活动,我发现小朋友对自己种的东西很感兴趣,可观察记录记得不好,根据这一情况,我重点指导自然科学区的幼儿进行观察记录。

我发现京京很喜欢自然科学区,一看就是半天,不说话,也不与人交往。他全神贯注地观察并做记录。他画了一盆蒜,盆上的花纹画得很细,可蒜苗画得齐刷刷的。我走过去,跟他一起看,同他交谈:"这盆蒜苗都这么绿了,长得真好看呀!你瞧,这根蒜苗都这么长了。"(我特意指着一根不是那么长的)他说:"老师你瞧,这儿还有比它更高的呢!"我引导他仔细观察,使他认识到,蒜苗长得有高有低,不能画成一样高。之后,他又拿起了笔,在观察记录本上,画了一盆参差不齐、绿油油的蒜苗。看来,只有让小朋友们仔细观察,才能做好观察记录,才能使他们对见过的自然事物、对植物的生长有更深刻的印象。

(二)天气总是在变化的

班上的天气日记是由每天来得早的幼儿绘画。例如,晴天画上太阳、阴天画上乌云、雨天画上雨点、刮风天画斜线、下雪画雪花表示等。最近我给幼儿提出了一个新的要求:除用绘画表现每天的天气外,还要记录每天的温度。这就要求幼儿每天回家后,要收听或收看天气预报,并记录下来。

一天早上,东东第一个来园,他高兴地告诉我:"老师,今天是晴天,风力2~3级,最高气温18度。"我说:"你是怎么知道的?""昨天电视里预报的"。我说:"那好,你给画上吧。"他迅速地拿起笔,在当天的格子里画上太阳和云彩,还写了18度。一会儿,小朋友们也陆续地来园了,端端走到科学区看了看观察日记,问:"谁写的18度?"东东说:"是我。"端端说:"今天是20度,不是18度。"东东说:"我昨天看电视了。"这时几个小朋友也说:"就是18度。"端端说:"昨天是报18度,可是今早报的是20度呀!"意见不一致,我说:"你们先别争,咱班有收音机,一会儿咱们听听好吗?"孩子们说:"行!"刚一下课,小朋友就说:"老师,开收音机。"10点钟左右,真的播放天气预报了,小朋友们都围了过来,全神贯注地听着广播,"今天白天晴,风力2~3级,最高气温20度"。我说:"天气总是变化的,有时上午跟下午的温度也不同,那咱们的天气日记怎么写呢?"东东说:"老师,把18度改成20度,按端端说的写。"说完就拿起笔,走到科学区,在天气日记上把18度轻轻划掉,写上了20度。

(三)画观察画

蒙蒙平时最喜欢画画,游戏时她来到自然科学区,看她有点儿不高兴,我就特别注意她想做什么。

她先拿放大镜看了看标本,又用木槌敲了敲水瓶琴,然后坐一旁看着画画的小朋友。我见她什么也不玩,就问她:"蒙蒙怎么了,不舒服吗?"她摇了摇头。我又问:"是不喜欢在科学区玩吗?"她点了点头。"那你想去哪玩儿?"我问她。她用手指了指美工区,我见她想画画,就对她说:"不光美工区可以画画,科学区也可以画。来,我告诉你。"于是,我拿来观察本、放大镜、昆虫标本给蒙蒙,并说:"蒙蒙,你可以把看到的画下来,怎么样?"她点了点头。于是她坐在桌旁,观察起昆虫来。看一会儿,画一会儿,不高兴的样子不见了。她专心地画观察画,直到游戏结束。

游戏中,教师不仅要为幼儿提供游戏材料,而且要针对幼儿不同的特点,进行多种兴趣的培养。

第三节　大班自选游戏指导记录

一、表演区游戏

（一）架子鼓

表演区有几种乐器：手铃、铃鼓、木鱼等，可今天游戏时，喃喃却一样也没有拿，他把阳台上不用的高低不等的积木按顺序放了一排，左边是一块长方形的积木，正中间是两块半圆形积木，右边是两块小的正方形积木，我见他排得很有趣，想知道他到底要做什么。

欣欣是主持人，他走到表演区中间开始报节目："第一个节目新疆舞，表演者……"录音机里放出优美的音乐，同时伴随一种奇怪的鼓点传来，原来是喃喃在有节奏地用手敲着那几块积木。他左边敲一下，右边敲一下，然后又从左向右依次敲一遍。样子有点像敲架子鼓。我问喃喃："这是什么乐器？"他兴奋地对我说："老师，这是我做的架子鼓！"我看着孩子有这么丰富的想象力，很高兴，就找来两块积木和他一起敲起来。

虽然这和真正的架子鼓有很大区别，可它显示了幼儿可贵的创造精神。作为教师，要不断激发幼儿们的想象力，并为他们提供必要的条件，对他们的创造性表现给予支持。

（二）"河马牛"的表演

最近，我班有几名幼儿带来了"河马牛"的玩具。其实，这个玩具就是一个布袋木偶，由于设计巧妙，玩时手伸进去可以自如地表演出各种生动的表情，很受幼儿的喜爱。

游戏区活动时，幼儿拿着自带的"河马牛"玩起来，有的小朋友与"河马牛"对话，有的小朋友拿着"河马牛"追跑起来。为了不影响其他幼儿游戏，我拿了一只大"河马牛"，对追跑的小朋友说："河马牛，真好玩，我这只'河马牛'本领可大了，它还会讲故事呢！你们想不想听？"幼儿一听"河马牛"要讲故事都高兴起来。我用"河马牛"边表演边说："我想在舞台上给小朋友讲一个好听的故事。可是，哪有表演的地方呢？"经过商量，我和孩子们很快在活动室的一角搭了一个表演区，"河马牛"在舞台上表演了起来。小朋友再玩"河马牛"时，就知道要到表演区去玩了。表演区的增设，使"河马牛"再也不会影响其他幼儿了。

（三）收票员

于达是个很爱动的孩子，平时做事没有长性。今天游戏时，他对我说："老师，我想当表演区的收票员。"我问他："收票员要坚守岗位，你能做到吗？"他很肯定地回答："能。""好，我同意你当收票员。"于达高兴极了。一会儿他又来找我："您能为我找个小东西装门票吗？我的手快拿不住了。""你应该动脑筋想想，门票可以放在哪儿？"我想看看他有没有办法。于达想了会儿，说："放在小筐里行吗？"我见他能想出办法，很高兴地说："当然行。"

于达一直站在表演区门口收票，没有乱走，我看在眼里高兴在心里。我用报纸折了一顶帽子送给于达，于达戴在头上真神气，一个劲儿地谢我。"老师，你进去看节目吧，可好看了。"我装出很着急的样子："我没买票怎么看呢？"于达却说："今年是教师节，教师免票！"听他一说，我也乐了。可不是，前几天刚过完教师节，这个孩子记得真清楚，而且反映在游戏中了，真是值得表扬。

节目看完了,我走出来时说:"于达再见了。"他也说了一句:"欢迎您再来。"

每个孩子都有缺点,每个孩子都有自己的闪光点。于达好动、闲不住,可今天在这项游戏活动中,他坚守在自己的岗位一步不离,而且能作出收票员应有的角色行为,还很认真负责。你能说这个孩子不可爱吗?

二、语言区游戏

(一)"小老师"

参观小学之后,孩子们把语言区扩展为学校。这天,蔡利等几位小朋友向我提出要求:"老师,我想在图书区玩上课游戏。"我问:"为什么?""因为这里安静,还有许多书。"原来孩子们要模仿上学。我同意了他们的要求。孩子们开始搬桌子、拿椅子,兴趣很高。"学生们"自觉做好了。"老师"蔡利进入角色,开始发书,然后请大家安静地看书。10分钟后,"学生们"有点乱,蔡利有点着急,于是我小声地对她说:"大家可能累了,你可以让他们下课休息一会儿,再换一节课。""上什么呢?"她问。我说:"小学生每天上学校都学什么?""写字……我有办法了。"她让"学生们"休息一会儿,然后从书架里取出一套识字卡片。第二节课开始了,大家很认真地跟着教师念起字来。

游戏结束时,我重点对语言区进行了评价,鼓励了"小老师"的认真负责精神,还肯定了小朋友认真学习的精神。

(二)明天再换一本书

大家都非常喜欢把图书带到幼儿园来,唯独李勤舍不得带书,而且还总抢别人的书。一天,他跑来告状:"老师,齐帅不让我看书,还打我。"我找到齐帅问原因,齐帅委屈地说:"李勤不带书,总是抢我的看,还把书弄坏啦。"齐帅赶紧解释:"我不是故意撕的!"我问:"李勤,你很喜欢看齐帅的书吗?"他点了点头。"你该怎样向齐帅借书呢?"我问。"我和他商量了,可是他还是不给我看",李勤不高兴地说。"两个人都想看这本书,怎么办呢?"我又问。旁边的冉冉搭话说:"两人一起看。"我又继续问李勤:"你这么喜欢看书,为什么不从家里带书呢?""我怕别人撕。"我说:"是啊,大家都很爱护自己的书,如果我们大家都能友好地看书,都像保护自己的书一样爱护别人的书,就不会撕了。"他说:"那明天我也带一本书来。"

第二天,他果然带来一本新书,并且特意让我看:"李老师,这是我昨天买的《黑猫警长》。"我高兴地说:"这本书我最喜欢。"并特意向大家介绍这本书,还把其中一部分讲给大家听。为了激发李勤的讲述兴趣,我利用游戏时间让他把故事讲给大家听,并和大家一起看,他非常高兴。晚上离园时,他说:"老师,我把这本书带回家,明天再换一本。"

(三)"小学校"

一次,我在观察幼儿语言区游戏过程中,发现孩子们不但能够看图讲述和续编故事,而且还自发地出现了"小学校"的主题。我就随机进行指导:"湘怡,你这小老师带学生进行活动,要注意让他们遵守纪律,认真听讲,多学本领呀。"湘怡立即学着教师的样子组织活动:"吕飞,请你举手回答问题。声音再大些……"见湘怡这个小老师一直带着孩子们学习,我又提示:"老师,不能让学生总坐在那学习呀,他们的身体也很重要。""小老师"受到启发,于是转换了活动内容,带着他的"学生"去"户外"进行锻炼。他们做集体广播操,玩体育游戏,然后进行分散活动。"学生们"都玩得很开心,"教师"也特别认真。

此后,幼儿来到语言区都愿意玩小学校的游戏,并愿意当"小老师",而且每次都有与上次不同的地方。

三、科学区游戏

(一)七色彩虹

科学区鱼缸旁围了许多小朋友,他们不知在看什么,就见张鹰说:"呀!这颜色真漂亮!"望舒也跟着说:"咱们来数数有几种颜色。"接着他们就认真地数起来:"1、2、3、4、5、6、7。"赵冉立刻说:"一共有七种颜色。"半天没说话的张璇说:"它是从哪里变出来的呢?"汪嘉伟赶紧说:"是金鱼变的吧!"听他们说得这么热闹,我想知道他们到底在看什么。

走近他们,我看见鱼缸旁边有一条七彩光带,我正看着,孩子们发现了我,马上围住我,让我讲讲到底是怎么回事儿。我告诉他们:"这七种颜色是太阳光的颜色。我们的平时只看见白光,只有特殊情况下才能看到这种现象。"我的话刚说完,望舒就说:"老师,那彩虹也是太阳光的颜色,对吗?""对"。我肯定了他的判断。

孩子们在科学区的这个发现,并非什么新奇的事儿,大人们也许不会理会,但它激发了他们去探索有关光的更多的知识。

(二)保持桌面干净

六月里,天气一天比一天热,按计划科学区增加了一项游戏——"水车游戏"。这项游戏大家都喜欢,可也出现了问题,每次游戏结束,玩水车的地方被弄得到处是水。

有一次游戏,这里却很干净。是采乐平和藏朝在那里玩游戏,为了看看他们怎样玩儿,我特别地对他们进行了观察。

游戏开始了,采乐平拿来一块桌布,放在水车旁,藏朝拿水瓶去打水,不一会儿水打来了,他们一个往水车上倒水,一个把盆边上的水擦干净,然后他们互换位置,刚才倒水的人现在擦干桌上的水,刚才擦水的人现在可以倒水玩游戏。玩了一会儿,他们放下水瓶和桌布,把桌布里的水拧干。采乐平拿起一个小水杯,往水车上倒水,水一下子洒在桌子上,藏朝马上用布将水擦干。游戏结束时,这里的桌子、地面都很干净。我在全班幼儿面前表扬了他俩,并请他们把怎样保持桌面无水的办法讲给大家听。从那以后,凡是玩水车的小朋友都注意在游戏的过程中,将桌面上的水擦干净。

游戏规则的建立与巩固是一项长期的工作,需要教师不断提醒、督促。同时,幼儿在游戏中好的行为表现也可以向全体幼儿介绍,让大家学习,增强幼儿遵守游戏规则的意识和责任感。

(三)两只放大镜

科学区的陈列架上,放着许多昆虫标本,每次游戏都有幼儿到这里观察标本。

游戏开始了,吕肖明和阎雷一人拿了一个放大镜观察昆虫标本。彤彤走到他们身边,也想看看标本,可是,班上只有两只放大镜,吕肖明和阎雷正看得认真,谁也没看到彤彤在身边。彤彤走到阎雷身边拉了拉他的衣角,可阎雷没有理他,接着又拉了拉阎雷的胳膊,这回阎雷可急了:"别拉我,我都没法看了!"彤彤赶紧说:"让我也看看好吗?"阎雷头也不抬地说:"我还没有看够呢!"彤彤低着头不说话。只见吕肖明走过来,把放大镜放在彤彤手里:"你看吧,我过一会儿再看。"彤彤高兴地说:"谢谢!"接着就去看标本了。阎雷听了吕肖明的话,挺不好意思,走到吕肖明身边,小声说:"咱俩一起看吧!"

在游戏活动中,孩子们不仅可以获得各种知识技能,学习互相谦让互相友爱,而且幼儿伙伴能够起到相互影响和教育的作用,这比教师单纯说教更有教育效果。

参考文献

[1] 刘焱.幼儿园游戏教学论.北京:中国社会出版社,2000
[2] 华爱华.幼儿游戏理论.上海:上海教育出版社,1998
[3] 李淑贤,姚伟.幼儿游戏理论与指导.上海:华东师范大学出版社,1995
[4] 北京师范大学教育系、北京崇文区光明幼儿园自选游戏课题组.幼儿园游戏指导.北京:北京师范大学出版社,1996
[5] 丁海东.学前游戏理论.济南:山东人民出版社,2001
[6] 黄人颂.学前教育学.北京:人民教育出版社,1988
[7] 郑佳珍,朱炳昌.幼儿游戏活动指导.北京:高等教育出版社,2004
[8] 华爱华,郭立军.游戏与儿童早期发展.上海:华东师范大学出版社,2006